스마트시대의

회계원리

제3판

| 김경태 김유라 박종찬 공저 |

ACCOUNTING PRINCIPLES IN THE SMART ERA

창 민 사

머리말

'스마트시대의 회계원리' 부록에 해답을 포함하였으나 보다 상세한 해설과 <실제 기업 사례 문제>의 모범답안에 대한 요구가 있어 해답집을 별도로 발행한다. 해답집에는 답이 도출되기까지 꼭 필요한 해설과 계산과정을 가능한 한 많이 담고자 노력하였다. 이 해답집이 회계를 처음으로 공부하는 학생들이 스스로 학습하는 데 도움이 되기를 바라며, 문제 풀이에 미진한 부분이 있거나 추가적인 질문이 있다면 대표 저자의 이메일(jcpark@uos.ac.kr)로 알려주면 성실히 답변드릴 것을 약속드린다.

해답집의 출판을 위해 도와주신 창민사 윤동구 사장님과 출판에 도움을 주신 분들께도 감사의 마음을 전한다.

2024년 2월

저자 김경태, 김유라, 박종찬

차 례

제 6 장 재무제표 분석

제 7 장 유동자산

제 8 장 비유동자산

제 9 장 유동부채

제 10 장 비유동부채

제 11 장 자　본

제 12 장 현금흐름표

제 1 장

기업과 회계

○×퀴즈

1. ○
2. × 유한회사가 아닌 주식회사에 대한 설명이다.
3. ○
4. ○
5. × 규모가 작은 '간편장부대상자'에 해당하는 사업자에게는 단식부기를 허용한다.
6. ○
7. × 현금흐름표와 자본변동표도 포함된다.
8. ○
9. ○
10. × '이익'이 아니고 '수익'이다.
11. × 상장 여부에 관계없이 대부분의 금융회사도 적용하며 비상장기업도 자발적으로 도입이 가능하다.
12. ○
13. × 적정의견은 피감사인이 작성한 재무제표에 회계정보의 오류나 누락이 하나도 없음을 보증하는 것이 아니라 재무제표 이용자의 의사결정에 영향을 미칠 만한 오류나 누락이 없이 회계기준에 따라 공정하게 작성되었다는 감사인의 의견을 제시한 것이다.

14. × 부적정의견이 아니고 의견거절이다.

15. ○

16. × 대여금은 회사가 타인에게 빌려준 금액으로 자산이고, 회사가 타인으로부터 갚기로 하고 빌린 금액은 차입금이다.

17. × 직전 사업연도 말의 자산총액이 500억원 이상인 주식회사 또는 유한회사가 외부감사를 반드시 받는다.

18. × 비상장기업도 외감법이 정한 외부감사 대상기업의 조건에 해당하면 외부감사를 받을 법적 의무가 있다.

제1장 객관식 문제

1. 정답 ②

기초 자본 = 기초 자산 − 기초 부채 = 2,000,000 − 500,000 = 1,500,000

기말 자본 = 기초 자본 + 주주 출자 + 총수익 − 총비용

= 1,500,000 + 1,200,000 + 700,000 − 300,000 = 3,100,000

기말 부채 = 기말 자산 − 기말 자본 = 4,000,000 − 3,100,000 = 900,000

2. 정답 ①

①번에서 경영자도 자신이 생산한 회계정보를 보고, 경영에 관한 다양한 의사결정에 반영하므로 회계정보의 공급자이자 수요자라고 볼 수 있다.

3. 정답 ①

외감법상 기업의 재무제표 작성 책임이 있는 자는 회사의 대표이사와 회계담당임원(회계담당 임원이 없는 경우에는 회계업무를 집행하는 사람)임.

4. 정답 ④

기초 자본 = 기초 자산 − 기초 부채 = 900,000 − 500,000 = 400,000

기말 자본 = 기초 자본 + 당기 중 추가출자 + 총수익 − 총비용

= 400,000 + 100,000 + 1,100,000 − 900,000 = 700,000

5. 정답 ①

감사증거를 입수한 결과 왜곡 표시가 재무제표에 전반적이면 부적정의견, 감사증거를 입수할 수 없고 재무제표에 미칠 영향이 전반적이면 의견거절에 해당한다.

6. 정답 ④

④번 사무실 임차료 5,000을 현금으로 지급한 거래는 자산 5,000 감소시키고, 자본을 5,000 감소시킨다.

제1장 주관식 문제

1.

① 기초 자산 = 기초 부채 + 기초 자본 = 200,000 + 100,000 = 300,000

② 기초 자본 + (총수익 – 총비용) + 주주의 추가 출자 = 기말 자본

100,000 + (② – 360,000) + 0 = 130,000

② = 390,000

③ 22,000 = ③ + 10,000

③ = 12,000

④ 10,000 + (35,000 – ④) + 5,000 = 10,000

④ = 40,000

⑤ 95,000 = 80,000 + ⑤

⑤ = 15,000

⑥ 15,000 + (200,000 – 185,000) + ⑥ = 47,000

⑥ = 17,000

2.

① 주주들은 ㈜VIP자동차에 현금 ₩40,000,000을 출자하였다.

② ㈜VIP자동차는 기계장치를 현금 ₩3,000,000에 구입하였다.

③ ㈜VIP자동차는 소모품을 현금 ₩500,000에 구입하였다.

④ ㈜VIP자동차는 자금 확보를 위하여 1년을 초과하는 만기로 현금 ₩20,000,000

을 차입하였다.

⑤ ㈜VIP자동차는 8월에 ₩10,000,000의 수익이 발생하였고 현금으로 수취하였다.

⑥ ㈜VIP자동차는 8월에 ₩8,000,000의 비용이 발생하였고 현금으로 지급하였다.

3.

① 자산(현금) 증가, 자본(자본금) 증가

⑦ 자산(소모품) 증가, 자산(현금) 감소

⑧ 자산(현금) 증가, 부채(단기차입금) 증가

⑨ 자산(현금) 감소, 자본(급여) 감소

⑩ 자산(매출채권) 증가, 자본(용역수익) 증가

⑪ 자산(현금) 감소, 자본(임차료) 감소

⑫ 자산(매출채권) 감소, 자산(현금) 증가

4.

1) 순이익 = 수익 − 비용 = 서비스수익 − 임차료 − 전력비 − 급여 − 접대비
= 11,800,000 − 1,600,000 − 160,000 − 7,100,000 − 140,000 = 2,800,000

2) 자산총계 = 현금 + 기계장치 + 소모품 = 53,100,000 + 8,700,000 + 1,000,000
= 62,800,000원

부채총계 = 차입금 = 20,000,000원

자본총계 = 자본금 + 순이익 = 40,000,000 + 2,800,000 = 42,800,000원

3) 자산 (62,800,000원) = 부채 (20,000,000원) + 자본 (42,800,000원)

5.

1) 30,000,000원(자본금)

2) 25,000,000원(차입금)

3) 12,400,000원(비품)

4) 순이익 = 3,290,000원(= 13,950,000 − 1,730,000 − 8,430,000 − 270,000 − 230,000)

5) 자산(= 현금 + 비품 + 소모품 = 44,490,000 + 12,400,000 + 1,400,000
= 58,290,000원) = 부채(= 차입금 = 25,000,000원) + 자본(= 자본금 + 순이익
= 33,290,000원)

6.

① 38,000,000원 (= 기초 자산 − 기초 부채 = 63,800,000 − 25,800,000)
② 69,660,000원 (= 기말 부채 + 기말 자본 = 28,900,000 + 40,760,000)
③ 40,760,000원 (= 기초 자본 + 순이익 = 38,000,000 + (12,900,000 − 10,140,000))

7.

날짜	자 산	부 채	자 본
5/1	현 금 3,000만원		자본금 3,000만원
5/2	현 금 5,000만원	단기차입금 2,000만원	자본금 3,000만원
5/3	현 금 2,800만원 비 품 2,000만원 소모품 200만원	단기차입금 2,000만원	자본금 3,000만원
5/4	현 금 2,800만원 비 품 2,000만원 소모품 200만원	단기차입금 2,000만원	자본금 3,000만원
5/8	현 금 2,300만원 비 품 2,000만원 소모품 200만원	단기차입금 2,000만원	자본금 3,000만원 광고선전비 (500만원)
5/31	현 금 3,100만원 비 품 2,000만원 소모품 200만원	단기차입금 2,000만원	자본금 3,000만원 컨설팅수익 800만원 광고선전비 (500만원)
5/31	현 금 2,590만원 비 품 2,000만원 소모품 200만원	단기차입금 2,000만원	자본금 3,000만원 컨설팅수익 800만원 광고선전비 (500만원) 급 여 (400만원) 임차료 (100만원) 이자비용 (10만원)

제1장 실제 기업 사례 문제

1.

1) 의견거절 : "… 재무제표에 대하여 의견을 표명하지 않습니다."
2) 부적정의견 : "… 일반기업회계기준에 따라 중요성의 관점에서 공정하게 표시하고 있지 않습니다."
3) 한정의견 : "… ○○○○ 근거 단락에 기술된 사항이 미칠 수 있는 영향을 제외하고는 … 한국채택국제회계기준에 따라, 중요성의 관점에서 공정하게 표시하고 있습니다."
4) 적정의견 : "… 한국채택국제회계기준에 따라, 중요성의 관점에서 공정하게 표시하고 있습니다."

제 2 장

회계순환과정 I

O×퀴즈

1. × 당시 베니스지방에서 사용되던 복식부기를 세계 최초로 자신의 수학책에 소개하였다.
2. ○
3. × 영어로 차변은 debit, 대변은 credit이다.
4. ○
5. ○
6. × 수익은 자본의 증가에 해당하므로 대변에, 비용은 자본의 감소에 해당하므로 차변에 기록한다.
7. ○
8. × 어떤 거래의 분개가 완전히 누락되었거나 차변과 대변에 동일하게 잘못된 금액이 입력된 경우 등의 오류가 여전히 있을 수 있다.
9. ○
10. ○

제2장 객관식 문제

1. 정답 ③

①번은 자산의 증가, 수익의 발생

②번은 자산(상품)의 증가, 부채의 증가

③번은 비용의 발생, 자산의 감소

④번은 자산(토지)의 증가, 자산(보통예금)의 감소

2. 정답 ②

①번 수익의 발생, ③번 자산의 감소, ④번 부채의 증가는 모두 대변이다.

3. 정답 ④

계정잔액은 일반적으로 증가가 기록되는 쪽에 위치한다. 따라서 자산의 기말잔액은 차변, 부채와 자본의 기말잔액은 대변이고, 수익의 기말잔액은 대변, 비용의 기말잔액은 차변이다. 한편, 임차료는 임차인(세입자)의 비용이고, 임대료는 임대인(주인)의 수익이므로 임대료의 기말잔액은 대변이다.

4. 정답 ①

ㄱ.은 차변금액(800,000)과 대변금액(80,000)이 달라 시산표 상의 차변의 합과 대변의 합이 다르게 나오므로 시산표에서 오류가 발견되지만, 나머지는 차변과 대변 양쪽 금액이 동일하므로 시산표 상에서는 오류가 발견되지 않는다.

5. 정답 ④

차변합계 = 70,000 − 4,500 + 18,500 = 84,000

대변합계 = 79,500 + 4,500 = 84,000

차변에 급여로 분개할 것을 차변에 광고비로 기입한 오류는 차변합계에는 영향을 미치지 않음.

6. 정답 ③

차변에는 53,000, 대변에는 35,000으로 전기했으므로 차변과 대변의 합이 달라진다.

제2장 주관식 문제

1.

1) 날짜별 분개

날 짜	차 변 (왼쪽)		대 변 (오른쪽)	
4월 1일	현 금	50,000,000	자본금	50,000,000
4월 3일	비 품	6,000,000	현 금	6,300,000
	소모품	300,000		
4월 4일	현 금	20,000,000	단기차입금	20,000,000
4월 30일	현 금	7,500,000	용역수익	7,500,000
	급 여	5,000,000	현 금	6,120,000
	임차료	1,000,000		
	수도광열비	120,000		

2) 현금계정

현 금			
4/1 주주 출자	50,000,000	4/3 비품, 소모품 구입	6,300,000
4/4 은행차입금 대출	20,000,000	4/30 급여, 임차료, 수도광열비 지불	6,120,000
4/30 용역수익 현금유입	7,500,000		
4/30 차변 합계	77,500,000	4/30 대변 합계	12,420,000
4/30 계정잔액	**65,080,000**		

3) 시산표

시산표

20×1년 4월 30일

㈜안심경비 (단위: 원)

차 변	계정과목	대 변
65,080,000	현 금	
300,000	소모품	
6,000,000	비 품	
	단기차입금	20,000,000
	자본금	50,000,000
	용역수익	7,500,000

5,000,000	급 여	
1,000,000	임차료	
120,000	수도광열비	
77,500,000	합 계	77,500,000

2.

1) 날짜별 분개

날 짜	차 변		대 변	
4월 1일	현 금	50,000,000	자본금	50,000,000
4월 2일	차량운반구	18,500,000	현 금	18,500,000
	기계장치	15,000,000	미지급금	15,000,000
4월 3일	비 품	9,000,000	현 금	9,000,000
	소모품	200,000	현 금	200,000
4월 4일	현 금	5,000,000	단기차입금	5,000,000
4월 7일	소모품	500,000	현 금	500,000
4월 30일	현 금	7,000,000	용역수익	7,000,000
	급 여	4,000,000	현 금	5,200,000
	임차료	1,000,000		
	유류비	200,000		

2) 현금 계정

현 금					
4/1	주주 출자	50,000,000	4/2	차량운반구 취득	18,500,000
4/4	은행차입금 대출	5,000,000	4/3	비품 취득	9,000,000
4/30	용역 수익	7,000,000	4/3	소모품 구입	200,000
			4/7	소모품 구입	500,000
			4/30	급여, 임차료, 유류비	5,200,000
5/31	차변 합계	62,000,000	5/31	대변 합계	33,400,000
4/30	계정잔액	28,600,000			

스마트시대의 회계원리 3판 해답집 정오표

페이지	위 치	수정 전 ⇨ 수정 후
16	2. 2) 현금계정 밑에서 2행	5/31 차변합계, 대변합계 → 4/30
23	3장 3번 6행	당기순이익 80,000 **과소** 계상 → **과대** 계상
125	2. 1) ② 정률법 표의 20×5년	기초 장부가 2,116,476 → 1,837,631
		감가상각비 1,116,476 → 837,631
125	2. 1) ② 정률법 표의 주석 6)	1,116,476 = 2,116,476 - 1,000,000 → 837,631 = 1,837,631 - 1,000,000

3) 시산표

시산표

20×1년 4월 30일

㈜스타자동차클리닝 (단위: 원)

차 변	계정과목	대 변
28,600,000	현 금	
700,000	소모품	
18,500,000	차량운반구	
15,000,000	기계장치	
9,000,000	비 품	
	미지급금	15,000,000
	단기차입금	5,000,000
	자본금	50,000,000
	용역수익	7,000,000
4,000,000	급 여	
1,000,000	임차료	
200,000	유류비	
77,000,000	합 계	77,000,000

3.

1) 날짜별 분개

날 짜	차 변		대 변	
5월 1일	미지급이자*	50,000	현 금	50,000
5월 2일	소모품	200,000	현 금	200,000
5월 10일	복리후생비	300,000	현 금	300,000
5월 20일	접대비	100,000	현 금	100,000
5월 31일	현 금	12,000,000	용역수익	12,000,000
5월 31일	급 여	8,000,000	현 금	9,150,000
	임차료	1,000,000		
	수도광열비	150,000		

* 이자비용 대신 미지급이자(부채)를 사용한 것은 4월 말 결산수정분개 때문임. 결산수정분개는 제3장에서 상세히 다룸.

2) 현금 계정

현금			
5/1 기초 잔액	31,850,000	5/1 이자 지급	50,000
5/31 용역수익 현금유입	12,000,000	5/2 소모품 구입	200,000
		5/10 복리후생비 지급	300,000
		5/20 접대비 지급	100,000
		5/31 급여,임차료,수도광열비 지불	9,150,000
5/31 차변 합계	43,850,000	5/31 대변 합계	9,800,000
5/31 계정잔액	**34,050,000**		

4. 개인기업은 소유주가 출자할 경우 주식회사와 동일하게 자본금 계정을 사용한다. 다만, 소유주의 급여가 따로 없고, 개인기업이 소유주에게 현금을 지급할 경우 '인출금'이라는 자본차감계정을 사용한다[(차변) 인출금, (대변) 현금]. 회계연도 말 재무상태표 작성 시에는 자본금 잔액에서 인출금 잔액을 차감한 금액을 자본금으로 표기한다.

1) 날짜별 분개

날 짜	차 변		대 변	
4월 1일	현 금	30,000,000	자본금	30,000,000
4월 2일	기계장치	20,000,000	현 금	20,500,000
	소모품	500,000		
4월 3일	현 금	5,000,000	단기차입금	5,000,000
4월 4일	광고선전비	480,000	현 금	480,000
4월 30일	현 금	4,000,000	용역수익	4,000,000
	임차료	1,000,000	현 금	2,400,000
	수도광열비	400,000		
	인출금	1,000,000		

2) 현금 계정

현 금					
4/1	사업자 출자	30,000,000	4/2	기계장치 구입	20,000,000
4/3	은행차입금 대출	5,000,000	4/2	소모품 구입	500,000
4/30	서비스 수익	4,000,000	4/4	광고선전비 지급	480,000
			4/30	임차료, 수도광열비 지급	1,400,000
			4/30	소유주 인출	1,000,000
4/30	차변 합계	39,000,000	4/30	대변 합계	23,380,000
4/30	계정잔액	15,620,000			

3) 시산표

시산표

20×1년 4월 30일

베스트클리닝 (단위: 원)

차 변	계정과목	대 변
15,620,000	현 금	
500,000	소모품	
20,000,000	기계장치	
	단기차입금	5,000,000
	자본금	30,000,000
1,000,000	인출금	
	서비스수익	4,000,000
480,000	광고선전비	
1,000,000	임차료	
400,000	수도광열비	
39,000,000	합 계	39,000,000

5. 일반적으로 계정의 기말잔액은 증가가 기록되는 곳에 위치한다. 자산과 비용은 증가가 차변에 기록되므로 기말잔액은 차변에, 부채, 자본, 수익은 증가가 대변에 기록되므로 기말잔액은 대변에 위치한다. 시산표 상 계정과목은 순서는 자산, 부채, 자본, 수익, 비용 순이다.

시산표

20×1년 4월 30일

㈜스마일 (단위: 천원)

차 변	계정과목	대 변
2,354	현 금	
520	소모품	
112,211	기계장치	
15,280	비 품	
	단기차입금	13,000
	자본금	86,000
	용역수익	35,420
2,562	급 여	
1,000	임차료	
73	이자비용	
420	수도광열비	
134,420	합 계	134,420

제2장 실제 기업 사례 문제

1.

1) 현금, 부가세대급금, 토지, 건물, 차량운반구, 임차보증금
2) 미지급금, 부가세예수금, 단기차입금, 장기차입금, 임대보증금
3) 임차보증금은 임차인(세입자)이 주인에게 지불하는 보증금으로 임차기간 종료 시 돌려받는 돈이므로 자산이고, 임대보증금은 임대인(주인)이 임차인으로부터 받은 보증금으로 임차기간 종료 시 되돌려주는 돈이므로 부채이다.
4) 임대료수입이다. 주업이 부동산임대업이므로 임대료수입이 가장 크다.
5) 이자비용이다. 차입금이 많기 때문에 이자비용이 많이 발생한다.

제3장

회계순환과정 Ⅱ

○×퀴즈

1. × 회계에서 감가상각이란 취득원가에서 사용 후 처분가치를 차감한 금액을 사용기간에 걸쳐 합리적인 방법으로 비용 처리함을 뜻한다. 건물의 경우 시간이 지나면서 역세권 개발 등으로 가치가 오히려 상승할 수 있는데 그럼에도 여전히 감가상각을 수행한다.
2. ○
3. × 기말 이익잉여금은 기초잔액에 당기순이익을 더하고 배당금을 차감한 금액으로 표기한다. 수정후시산표 상의 잔액은 기초잔액이므로 이를 사용하면 회계등식이 성립하지 않는다.
4. × 당기순이익의 수익과 비용은 현금의 유입과 유출을 기준으로 인식한 것이 아니므로 영업활동 순현금흐름과 일치하지 않는다.
5. ○
6. × 배당은 이익잉여금을 감소시킨다.
7. × 비용을 증가시키고, 자산을 감소시킨다. 감가상각누계액은 자산차감계정이므로 대변에 기록하면 자산이 감소한다.
8. ○
9. × 임시계정이 아니라 영구계정이다.
10. ○

11. ○

12. × 차변이 아니고 대변이 증가한다.

회계용어 초성퀴즈

1. 이익잉여금
2. 감가상각
3. 현금흐름표
4. 회계순환과정
5. 총계정원장
6. 분개장
7. 전자공시시스템
8. 사개송도치부법
9. 자본변동표
10. 감가상각누계액

제3장 객관식 문제

1. 정답 ①

12월에 발생한 이자수익은 ₩1,000,000 × 0.06 ÷ 12개월 = ₩5,000이고, 필요한 결산수정분개는 차) 미수이자 5,000 대) 이자수익 5,000이다.

따라서 이러한 결산수정분개가 누락된다면 자산(미수이자) ₩5,000 과소계상, 당기순이익은 ₩5,000 과소계상이 된다.

2. 정답 ②

기중 보험료 지급 시의 분개는 차) 선급보험료 1,030,000 대) 현금 1,030,000 이고, 선급보험료에 대한 기말 결산수정분개는 차) 보험료 ? 대) 선급보험료 ? 이므로 두 개의 분개를 전기한 원장의 선급보험료 T계정은 아래와 같다.

선급보험료

차변	금액	대변	금액
기초잔액	200,000	보험료(결산수정분개)	?
보험료 현금지급	1,030,000		
기말잔액	310,000		

기말 잔액 = 기초 잔액 + 보험료 현금지급 − 보험료(결산수정분개) 이므로

보험료 = 200,000 + 1,030,000 − 310,000 = 920,000

3. 정답 ③

• 종업원급여 미지급액 수정분개: 차) 급여 20,000 대) 미지급급여 20,000
• 선급보험료 수정분개: 차) 보험료 20,000 대) 선급보험료 20,000
• 소모품 사용: 차) 소모품비 20,000 대) 소모품 20,000
• 차입금 이자 미지급액: 차) 이자비용 20,000 대) 미지급이자 20,000

따라서 위의 결산수정분개가 없을 경우, 비용 80,000 과소 계상, 당기순이익 80,000 과소 계상, 자산(선급보험료, 소모품) 40,000 과대 계상, 부채(미지급급여, 미지급이자) 40,000 과소 계상이 된다.

4. 정답 ①

①번에 대한 수정분개는 이자수익 ₩10,000을 증가 → 당기순이익 증가
②번에 대한 수정분개는 감가상각비 ₩30,000을 증가 → 당기순이익 감소
③번에 대한 수정분개는 소모품비 ₩30,000를 증가 → 당기순이익 감소
④번에 대한 수정분개는 이자비용 ₩30,000을 증가 → 당기순이익 감소

5. 정답 ③

소모품은 ₩100,000을 12월 1일 구입하였고, 소모품의 사용에 대한 결산수정분개는 차) 소모품비 ₩80,000 대) 소모품 ₩80,000이므로 소모품의 기말잔액은 ₩20,000 (= ₩100,000 − ₩80,000)이다.

제3장 주관식 문제

1.

1) 결산수정분개

날 짜	차 변		대 변	
4월 30일	비품감가상각비	100,000[a]	비품감가상각누계액	100,000
	이자비용	100,000[b]	미지급이자	100,000
	소모품비	150,000[c]	소모품	150,000

a. 100,000 = [(6,000,000 − 0) ÷ 5] ÷ 12개월
b. 100,000 = [(20,000,000 × 0.06) ÷ 12개월]
c. 150,000 = 300,000 ÷ 2 (절반이 사용됨)

2) 수정후시산표

수정후시산표
20×1년 4월 30일

㈜안심경비 (단위: 원)

차 변	계정과목	대 변
65,080,000	현 금	
6,000,000	비 품	
	비품감가상각누계액	100,000
150,000	소모품	
	미지급이자	100,000
	단기차입금	20,000,000
	자본금	50,000,000
	용역수익	7,500,000
5,000,000	급 여	
1,000,000	임차료	
120,000	수도광열비	
100,000	비품감가상각비	
100,000	이자비용	
150,000	소모품비	
77,700,000	합 계	77,700,000

3) 재무제표

손익계산서
20×1년 4월 1일부터 4월 30일까지

㈜안심경비 (단위: 원)

항목		금액	합계
수 익:			7,500,000
	용역수익	7,500,000	
비 용:			6,470,000
	급 여	5,000,000	
	임차료	1,000,000	

수도광열비	120,000	
감가상각비	100,000	
이자비용	100,000	
소모품비	150,000	
당기순이익		1,030,000

재무상태표

20×1년 4월 30일

㈜안심경비 (단위: 원)

자 산:		부 채:	
현 금	65,080,000	미지급이자	100,000
소모품	150,000	차입금	20,000,000
비 품	6,000,000	부채총계	20,100,000
비품감가상각누계액	(100,000)		
		자 본:	
		자본금	50,000,000
		이익잉여금	1,030,000
		자본총계	51,030,000
자산총계	71,130,000	부채 및 자본총계	71,130,000

자본변동표

20×1년 4월 1일부터 4월 30일까지

㈜안심경비 (단위: 원)

과 목	자본금	이익잉여금	총 계
20×1.4.1 (기초자본)	0	0	0
소유주의 출자	50,000,000		50,000,000
당기순이익		1,030,000	1,030,000
20×1.4.30 (기말자본)	50,000,000	1,030,000	51,030,000

현금흐름표 20×21년 4월 1일부터 4월 30일까지		
㈜안심경비		(단위: 원)
I. 영업활동 현금흐름		1,080,000
행복아파트로부터 유입된 현금	7,500,000	
소모품 공급자에 대한 현금지출	(300,000)	
종업원에 대한 현금지출	(5,000,000)	
기타 영업비(임차료, 수도광열비) 현금지출	(1,120,000)	
II. 투자활동 현금흐름		(6,000,000)
비품의 취득	(6,000,000)	
III. 재무활동 현금흐름		70,000,000
소유주의 출자	50,000,000	
단기차입금의 증가	20,000,000	
IV. 현금의 증가		65,080,000
V. 기초의 현금		0
VI. 기말의 현금		65,080,000

2.

1) 결산수정분개

날 짜	차 변		대 변	
4월 30일	차량운반구감가상각비	300,000[a]	차량운반구감가상각누계액	300,000
	기계장치감가상각비	250,000[b]	기계장치감가상각누계액	250,000
	비품감가상각비	150,000[c]	비품감가상각누계액	150,000
	소모품비	600,000[d]	소모품	600,000
	이자비용	25,000[e]	미지급이자	25,000

a. 300,000 = [(18,500,000 − 500,000) ÷ 5] ÷ 12개월

b. 250,000 = [(15,000,000 − 0) ÷ 5] ÷ 12개월

c. 150,000 = [(9,000,000 − 0) ÷ 5] ÷ 12개월

d. 600,000 = 700,000 − 100,000 (남은 소모품)

e. 25,000 = (5,000,000 × 0.06) ÷ 12개월

2) 수정후시산표

수정후시산표

20×1년 4월 30일

㈜스타자동차클리닝 (단위: 원)

차 변	계정과목	대 변
28,600,000	현 금	
100,000	소모품	
18,500,000	차량운반구	
	차량운반구감가상각누계액	300,000
15,000,000	기계장치	
	기계장치감가상각누계액	250,000
9,000,000	비 품	
	비품감가상각누계액	150,000
	미지급금	15,000,000
	단기차입금	5,000,000
	미지급이자	25,000
	자본금	50,000,000
	용역수익	7,000,000
4,000,000	급 여	
1,000,000	임차료	
200,000	유류비	
300,000	차량운반구감가상각비	
250,000	기계장치감가상각비	
150,000	비품감가상각비	
600,000	소모품비	
25,000	이자비용	
77,725,000	합 계	77,725,000

3) 재무제표

손익계산서

20×1년 4월 1일부터 4월 30일까지

㈜스타자동차클리닝 (단위: 원)

수　익:		7,000,000
용역수익	7,000,000	
비　용:		6,525,000
급　여	4,000,000	
임차료	1,000,000	
유류비	200,000	
감가상각비	700,000	
소모품비	600,000	
이자비용	25,000	
당기순이익		475,000

재무상태표

20×1년 4월 30일

㈜스타자동차클리닝 (단위: 원)

자　산:		부　채:	
현　금	28,600,000	미지급이자	25,000
소모품	100,000	미지급금	15,000,000
차량운반구	18,500,000	단기차입금	5,000,000
차량감가상각누계액	(300,000)	부채총계	20,025,000
기계 장치	15,000,000	자　본:	
기계장치감가상각누계액	(250,000)	자본금	50,000,000
비　품	9,000,000	이익잉여금	475,000
비품감가상각누계액	(150,000)		
		자본총계	50,475,000
자산총계	70,500,000	부채 및 자본총계	70,500,000

자본변동표

20×1년 4월 1일부터 4월 30일까지

㈜스타자동차클리닝 (단위: 원)

과 목	자본금	이익잉여금	총 계
20×1.4.1 (기초자본)	0	0	0
소유주의 출자	50,000,000		50,000,000
당기순이익		475,000	475,000
20×1.4.30 (기말자본)	50,000,000	475,000	50,475,000

현금흐름표

20×1년 4월 1일부터 4월 30일까지

㈜스타자동차클리닝 (단위: 원)

과 목		
Ⅰ. 영업활동 현금흐름		1,100,000
고객으로부터 유입된 현금	7,000,000	
소모품 공급자에 대한 현금유출	(700,000)	
종업원에 대한 현금유출	(4,000,000)	
기타 영업비(임차료, 유류비) 지급	(1,200,000)	
Ⅱ. 투자활동 현금흐름		(27,500,000)
차량운반구의 취득	(18,500,000)	
비품의 취득	(9,000,000)	
Ⅲ. 재무활동 현금흐름		55,000,000
소유주의 출자	50,000,000	
단기차입금의 증가	5,000,000	
Ⅳ. 현금의 증가		28,600,000
Ⅴ. 기초의 현금		0
Ⅵ. 기말의 현금		28,600,000

* 현금유출이 없는 투자활동으로 기계장치의 외상취득 1,500만원이 있다.

3.

1) 결산수정분개

날 짜	차 변		대 변	
5월 31일	기계장치감가상각비	100,000*	기계장치감가상각누계액	100,000
	비품감가상각비	50,000*	비품감가상각누계액	50,000
	이자비용	50,000*	미지급이자	50,000
	소모품비	100,000**	소모품	100,000

* 제3장 4월 결산수정분개 참조.

** 100,000 = 200,000 ÷ 2 (절반이 사용됨)

2) 수정후시산표

수정후시산표

20×1년 5월 31일

㈜클린업 (단위: 원)

차 변	계정과목	대 변
34,050,000	현 금	
100,000	소모품	
6,000,000	기계장치	
	기계장치감가상각누계액	200,000
3,000,000	비 품	
	비품감가상각누계액	100,000
	미지급이자	50,000
	단기차입금	10,000,000
	자본금	30,000,000
	이익잉여금	650,000
	용역수익	12,000,000
300,000	복리후생비	
100,000	접대비	
8,000,000	급 여	
1,000,000	임차료	
150,000	수도광열비	
100,000	기계장치감가상각비	
50,000	비품감가상각비	

50,000	이자비용	
100,000	소모품비	
53,000,000	합 계	53,000,000

3) 재무제표

손익계산서

20×1년 5월 1일부터 5월 31일까지

㈜클린업 (단위: 원)

수 익:		12,000,000
용역수익	12,000,000	
비 용:		9,850,000
복리후생비	300,000	
접대비	100,000	
급 여	8,000,000	
임차료	1,000,000	
수도광열비	150,000	
감가상각비	150,000	
이자비용	50,000	
소모품비	100,000	
당기순이익		2,150,000

재무상태표

20×1년 5월 31일

㈜클린업 (단위: 원)

자 산:		부 채:	
현 금	34,050,000	미지급이자	50,000
소모품	100,000	차입금	10,000,000
기계장치	6,000,000	부채총계	10,050,000
기계장치감가상각누계액	(200,000)		
비 품	3,000,000	자 본:	
비품감가상각누계액	(100,000)	자본금	30,000,000
		이익잉여금	2,800,000
		자본총계	32,800,000
자산총계	42,850,000	부채 및 자본총계	42,850,000

4.

1) 결산수정분개

날 짜	차 변		대 변	
4월 30일	기계장치감가상각비	330,000[a]	기계장치감가상각누계액	330,000
	소모품비	400,000[b]	소모품	400,000
	이자비용	20,000[c]	미지급이자	20,000

a. 330,000 = [(20,000,000 − 200,000) ÷ 5] ÷ 12개월

b. 400,000 = 500,000 − 100,000

c. 20,000 = (5,000,000 × 0.048) ÷ 12개월

2) 수정후시산표

수정후시산표

20×1년 4월 30일

베스트클리닝 (단위: 원)

차 변	계정과목	대 변
15,620,000	현 금	
100,000	소모품	
20,000,000	기계장치	
	기계장치감가상각누계액	330,000
	단기차입금	5,000,000
	미지급이자	20,000
	자본금	30,000,000
1,000,000	인출금	
	서비스수익	4,000,000
480,000	광고선전비	
1,000,000	임차료	
400,000	수도광열비	
330,000	비품감가상각비	
400,000	소모품비	
20,000	이자비용	
39,350,000	합 계	39,350,000

3) 재무제표

손익계산서

20×1년 4월 1일부터 4월 30일까지

베스트클리닝		(단위: 원)
수 익:		
서비스수익		4,000,000
비 용:		2,630,000
임차료	1,000,000	
수도광열비	400,000	
감가상각비	330,000	
소모품비	400,000	
광고선전비	480,000	
이자비용	20,000	
당기순이익		1,370,000

재무상태표

20×1년 4월 30일

베스트클리닝			(단위: 원)
자 산:		부 채:	
현 금	15,620,000	미지급이자	20,000
소모품	100,000	단기차입금	5,000,000
기계장치	20,000,000	부채총계	5,020,000
기계장치감가상각누계액	(330,000)	자 본:	
		자본금	30,370,000*
		자본총계	30,370,000
자산총계	35,390,000	부채 및 자본총계	35,390,000

* 30,370,000 = 30,000,000 + 1,370,000 − 1,000,000
개인기업은 법인기업과 달리 당기순이익(손실)은 자본금을 증가(감소)시키고, 인출금은 자본금을 감소시킨다.

5.

1) 기말 수정분개

	차 변		대 변	
①	소모품비	23,000	소모품	23,000
②	기계장치감가상각비	10,000	기계장치감가상각누계액	10,000
③	이자비용	10,000*	미지급이자	10,000

* (1,000,000원 × 0.12) ÷ 12개월 = 10,000

2)

현금 ₩8,200,000 (변동 없음)

소모품 ₩42,000 (= 65,000 − 23,000)

기계장치감가상각누계액 ₩410,000 (= 400,000 + 10,000)

장기차입금 ₩1,000,000 (변동 없음)

미지급이자 ₩60,000 (=50,000 + 10,000)

6.

1) 손익계산서

손익계산서

20×1년 12월 1일부터 12월 30일까지

㈜컴퓨터119 (단위: 천원)

수 익:		282,200
용역매출	282,200	
비 용:		267,200
급 여	121,000	
임차료	90,000	
보험료	7,000	
수도광열비	6,000	
광고선전비	24,000	
감가상각비	5,000	
이자비용	5,200	
여비교통비	9,000	
당기순이익		15,000

2) 재무상태표

재무상태표

20×1년 12월 31일

㈜컴퓨터119 (단위: 천원)

자 산:		부 채:	
현 금	88,000	미지급이자	2,000
비 품	214,000	장기차입금	100,000
비품감가상각누계액	(30,000)	부채총계	102,000
		자 본:	
		자본금	148,000
		이익잉여금	22,000
		자본총계	170,000
자산총계	272,000	부채 및 자본총계	272,000

7. 수정분개로 추가되는 비용:

급여 1,000,000원 (미지급급여 1,000,000원 증가)

비품감가상각비 400,000원 (비품감가상각누계액 400,000원 증가)

이자비용 50,000원 (미지급이자 50,000원 증가)

소모품비 200,000원 (소모품 200,000원 감소)

당기순이익 = 124,000,000 − 1,000,000 − 400,000 − 50,000 − 200,000

= 122,350,000원

8.

1) 현금잔액 = 대변합계 − 현금 제외한 차변합계 = 15,500 − 15,130 = 370백만원

수정후시산표

20×1년 6월 30일

㈜영재교육 (단위: 백만원)

차 변	계정과목	대 변
?	현 금	
3,000	비 품	
	비품감가상각누계액	300
	단기차입금	800

	자본금	900
	이익잉여금	500
	수강료수익	13,000
1,600	임차료	
1,800	급 여	
850	지급수수료	
7,580	강사용역비	
300	비품감가상각비	
15,500	합 계	15,500

2) 손익계산서

손익계산서

20×1년 6월 1일부터 6월 30일까지

㈜영재교육 (단위: 백만원)

수 익:		13,000
수강료수익	13,000	
비 용:		12,130
임차료	1,600	
급 여	1,800	
지급수수료	850	
강사용역비	7,580	
비품감가상각비	300	
당기순이익		870

3) 재무상태표

재무상태표

20×1년 6월 30일

㈜영재교육 (단위: 백만원)

자 산:		부 채:	
현 금	370	단기차입금	800
비 품	3,000	부채총계	800
비품감가상각누계액	(300)	자 본:	
		자본금	900

		이익잉여금	1,370
		자본총계	2,270
자산총계	3,070	부채 및 자본총계	3,070

9.

1) 분 개

날 짜	차 변		대 변	
4/1	현 금	200,000,000	자본금	200,000,000
4/2	지급수수료	500,000	현 금	1,800,000
	공과금	1,300,000		
4/3	현 금	40,000,000	장기차입금	40,000,000
4/3	임차보증금	40,000,000	현 금	40,000,000
4/30	비 품	13,000,000	현 금	13,000,000
4/30	시설장치	21,000,000	현 금	21,000,000
4/30	광고선전비	500,000	현 금	500,000
4/30	기계장치	132,000,000	현 금	132,000,000
4/30	기 구	6,000,000	현 금	6,000,000
4/30	소모품	300,000	현 금	300,000
4/30	임차료	2,000,000	현 금	2,000,000

2) 결산수정분개

날 짜	차 변		대 변	
4/30	이자비용	200,000*	미지급이자	200,000

* 200,000 = (40,000,000 × 0.06) ÷ 12개월

수정후시산표

20×1년 4월 30일

㈜홈런스크린야구 (단위: 원)

차 변	계정과목	대 변
23,400,000	현 금	
300,000	소모품	
132,000,000	기계장치	
13,000,000	비 품	

21,000,000	시설장치	
6,000,000	기 구	
40,000,000	임차보증금	
	미지급이자	200,000
	장기차입금	40,000,000
	자본금	200,000,000
1,300,000	공과금	
500,000	광고선전비	
500,000	지급수수료	
2,000,000	임차료	
200,000	이자비용	
240,200,000	합 계	240,200,000

3)

손익계산서

20×1년 4월 1일부터 4월 30일까지

㈜홈런스크린야구 (단위: 원)

수 익:		0
비 용:		4,500,000
공과금	1,300,000	
광고선전비	500,000	
지급수수료	500,000	
임차료	2,000,000	
이자비용	200,000	
당기순이익(손실)		4,500,000

4) 재무상태표

재무상태표

20×1년 4월 30일

㈜홈런스크린야구 (단위: 원)

자 산:		부 채:	
현 금	23,400,000	미지급이자	200,000
소모품	300,000	장기차입금	40,000,000
기계장치	132,000,000	부채총계	40,200,000

비　품	13,000,000	자　본:	
시설장치	21,000,000	자본금	200,000,000
기　구	6,000,000	이익잉여금(결손금)	(4,500,000)
임차보증금	40,000,000		
		자본총계	195,500,000
자산총계	235,700,000	부채 및 자본총계	235,700,000

5) 분　개

날 짜	차　변		대　변	
5/30	소모품	400,000	현　금	400,000
5/31	현　금	12,000,000	매출(수익)	12,000,000
5/31	임차료	2,000,000	현　금	2,000,000
5/31	급　여	4,000,000	현　금	4,000,000
5/31	수도광열비	300,000	현　금	300,000

6) 결산수정분개

날 짜	차　변		대　변	
5/31	소모품비	300,000*	소모품	300,000
5/31	이자비용	200,000	미지급이자	200,000
5/31	기계장치감가상각비	2,000,000	기계장치감가상각누계액	2,000,000
5/31	비품감가상각비	110,000	비품감가상각누계액	110,000
5/31	시설장치감가상각비	170,000	시설장치감가상각누계액	170,000
5/31	기구감가상각비	250,000	기구감가상각누계액	250,000

* 4월 말 구입한 소모품(300,000원)이 소진됨

수정후시산표

20×1년 5월 31일

㈜홈런스크린야구 (단위: 원)

차　변	계정과목	대　변
28,700,000	현　금	
400,000	소모품	
132,000,000	기계장치	
	기계장치감가상각누계액	2,000,000
13,000,000	비　품	

	비품감가상각누계액	110,000
21,000,000	시설장치	
	시설장치감가상각누계액	170,000
6,000,000	기 구	
	기구감가상각누계액	250,000
40,000,000	임차보증금	
	미지급이자	400,000
	장기차입금	40,000,000
	자본금	200,000,000
4,500,000	이익잉여금(결손금)	
	매 출	12,000,000
300,000	소모품비	
2,000,000	임차료	
4,000,000	급 여	
300,000	수도광열비	
2,530,000	감가상각비	
200,000	이자비용	
254,930,000	합 계	254,930,000

7)

손익계산서

20×1년 5월 1일부터 5월 31일까지

㈜홈런스크린야구 (단위: 원)

수 익:		12,000,000
매출수익	12,000,000	
비 용:		9,330,000
소모품비	300,000	
임차료	2,000,000	
급 여	4,000,000	
수도광열비	300,000	
감가상각비	2,530,000	
이자비용	200,000	
당기순이익		2,670,000

8) 재무상태표

재무상태표

20×1년 5월 31일

㈜홈런스크린야구 (단위: 원)

자 산:		부 채:	
현 금	28,700,000	미지급이자	400,000
소모품	400,000	장기차입금	40,000,000
기계장치	132,000,000	부채총계	40,400,000
기계장치감가상각누계액	(2,000,000)		
비 품	13,000,000	자 본:	
비품감가상각누계액	(110,000)	자본금	200,000,000
시설장치	21,000,000	이익잉여금(결손금)	(1,830,000)
시설장치감가상각누계액	(170,000)	자본총계	198,170,000
기 구	6,000,000		
기구감가상각누계액	(250,000)		
임차보증금	40,000,000		
자산총계	238,570,000	부채 및 자본총계	238,570,000

제3장 실제 기업 사례 문제

1.

1) 수익은 경비서비스수익, 유통사업수익, 기타수익으로 나뉜다. 경비서비스수익은 경비서비스수익, 부가상품수익 및 시설관리수익 등이고, 유통사업수익은 휴대폰 단말기 판매 관련 수익이며, 기타수익은 투자부동산에서 발생한 임대수익 등이다.
2) 영업비용 중 금액이 가장 큰 5개는 지급수수료, 급여 및 복리후생비, 부가상품구입비, 감가상각비 및 무형자산상각비, 설치공사비이고, 전기보다 금액이 가장 많이 증가한 5개는 설치공사비, 지급수수료, 급여 및 복리후생비, 광고 및 판매촉진비와 판매수수료, 대손상각비 순이다.
3) 금융수익은 이자수익, 배당금수익, 파생상품자산평가이익, 파생상품거래이익으

로, 금융비용은 차입금이자, 외화환산손실, 리스부채이자로 구성되어 있다.

4) 기타영업외수익은 기타의 대손충당금 환입, 유형자산처분이익, 사용권자산처분이익, 무형자산손상차손환입, 잡이익으로, 기타영업외비용은 기타의 대손상각비, 유형자산손상차손, 유형자산처분손실, 사용권자산처분손실, 잡손실로 구성되어 있다.
5) 최대주주는 ㈜케이티로 보통주의 86.82%를 보유하고 있다.

2.

1) 2022년 영업이익이 영업수익에서 차지하는 비율은 17.27%(= 71,655/415,024)로 전년의 16.90%보다 0.0037%(= 17.27% − 16.90%) 포인트 증가하였고, 이는 전년보다 2.19%(= 0.0037 / 0.1690) 증가한 것이다.
2) 영업수익은 전년보다 79억원이 감소하였으나 영업비용은 전년보다 81억원이 감소하여 비용의 감소가 수익의 감소보다 더 컸기 때문에 영업이익이 약 2억원 증가하였다.
3) 영업비용 중에서 지급수수료가 전년보다 149억원 감소하였기 때문이다.
4) 전산운영비이다.
5) 금융수익은 금융자산에서 발생한 이자수익, 금융비용은 금융부채에서 발생한 이자비용으로 구성되어 있다.
6) 기타영업외수익이 증가한 이유는 유형자산처분이익이 크게 증가하였고 투자부동산처분이익이 새롭게 발생했기 때문이고, 기타영업외비용이 증가한 이유는 당기손익-공정가치 측정 금융자산평가손실이 크게 증가하였고, 무형자산손상차손이 새롭게 발생했기 때문이다.

제4장

상품매매기업의 회계

O×퀴즈

1. ○
2. × 대변에는 매출수익을 기록하고, 별도의 분개에 매출원가는 차변에, 이에 대응하는 대변에는 상품이 기록된다.
3. × 차변) 상품, 대변) 매입채무.
4. × 상품의 도난, 파손, 실수에 대한 파악을 위해 정기적으로 실사를 수행한다.
5. ○
6. ○
7. × 매출원가 = 기초상품재고액 + 당기상품매입액 − 기말상품재고액
8. ○
9. × 법인세법이 인정하는 수익과 비용에 따라 해당 기간의 법인세납부액을 산출하고, 회계기준과 세법의 차이를 조정하는 과정을 거친 후 산출된다.
10. ○
11. ○
12. × 주주의 출자는 자본금을, 당기순이익은 이익잉여금을 증가시킨다.
13. × 매출채권의 현금 회수는 (차) 현금 (대) 매출채권으로 자산의 증가와 감소가 동시에 일어나므로 자산총계는 변동이 없다.
14. ○
15. × (차변) 매출원가, (대변) 상품(기초), 매입, 그리고 (차변) 상품(기말), (대변) 매출원가의 형태로 기록된다.

제4장 객관식 문제

1. 정답 ②

이자수익 결산수정분개: 차) 미수이자 60,000 대) 이자수익 60,000

미지급급여 결산수정분개: 차) 급여 80,000 대) 미지급급여 80,000

보험료 결산수정분개: 차) 보험료 30,000 대) 선급보험료 30,000

따라서 당기순이익은 800,000(수익총액) − 500,000(비용총액) + 60,000(이자수익) − 80,000(급여) − 30,000(보험료) = 250,000

2. 정답 ①

자산총계 = 현금 + 매출채권 + 상품 + 기계장치 − 기계장치감가상각누계액
= 2,000 + 2,200 + 3,000 + 14,000 − 5,000 = 16,200

부채총계 = 미지급금 + 매입채무 + 단기차입금 = 800 + 1,500 + 1,700 = 4,000

자본총계 = 자산총계 − 부채총계 = 16,200 − 4,000 = 12,200

한편, 자본총계 = 자본금 + 이익잉여금 = 4,000 + 이익잉여금 = 12,200

따라서 이익잉여금 = 8,200

3. 정답 ③

기초 자본 = 기초 자산 − 기초 부채 = 16,000 − 8,000 = 8,000

기말 자본 = 기말 자산 − 기말 부채 = 21,000 − 9,000 = 12,000

기말 자본 = 기초 자본 + 주주 출자 + 당기순이익 − 현금배당

12,000 = 8,000 + 2,000 + 당기순이익 − 1,000

따라서 당기순이익 = 3,000

4. 정답 ③

차변 합계 = 현금 + 매출원가 + 재고자산 + 급여 + 선급보험료(자산) + 매출채권
= 130,000 + 100,000 + 200,000 + 50,000 + 70,000 + 50,000
= 600,000

대변 합계 = 매출 + 매입채무 + 미지급금 + 미지급급여(부채) + 자본금 + 기초

이익잉여금 = 120,000 + 170,000 + 50,000 + 80,000 + 40,000 + 기초이익잉여금
차변 합계 = 대변합계이므로,
600,000 = 460,000 + 기초이익잉여금
따라서 기초이익잉여금 = 140,000

5. 정답 ③
매출총이익 = 매출액 − 매출원가 = 20,000,000 − 14.000.000 = 6.000.000
영업이익 = 매출총이익 − 판관비 = 6,000,000 − 300,000 − 2,000,000 = 3,700,000
이자비용은 금융비용, 유형자산처분손실은 기타(기타영업외)비용임.

제4장 주관식 문제

1.

① 4,500,000 (= 450 × 10,000)
② 500 (= 50 + 450)
③ 6,000,000 (= 400 × 15,000)
④ 100 (= 500 − 100)
⑤ 650 (= 100 + 550)
⑥ 150 (= 650 − 500)
⑦ 1,050 (= 50 + 450 + 550)
⑧ 10,500,000 (= 500,000 + 4,500,000 + 5,500,000)
⑨ 900 (= 400 + 500)

2.

1) 매출원가 = (320개 × ₩1,000) = ₩320,000
   장부상 기말상품 수량 = 200 + 300 − 320 = 180개
   기말상품재고액 = (180개 × ₩1,000) = ₩180,000
2) 실제 상품 수량 = 160개
   재고자산감모손실 = (180개 − 160개) × ₩1,000 = ₩20,000

3) 재고자산감모손실은 기업이 재고자산 관리를 위해서 꼭 필요한 정보이지만 기업 외부에 공개하기를 원하지는 않는다. 따라서 영업활동 과정에서 정상적으로 발생한 재고자산감모손실은 매출원가에 포함되고, 비정상적인(예외적인) 재고자산감모손실은 기타비용(영업외비용)에 포함된다.

따라서 매출원가 = 320,000 + 20,000 = 340,000

기말상품재고액 = (160개 × ₩1,000) = ₩160,000

4) 실지재고조사법에서 매출원가 = 기초상품재고액 + 당기상품매입액 − 기말상품재고액 = (200 + ₩1,000) + (300 × ₩1,000) − (160 × ₩1,000) = ₩340,000

계속기록법과 실지재고조사법 모두 매출원가는 ₩340,000으로 동일하다. 하지만 실지재고조사법은 20개의 분실 여부에 대해서는 모르며 340개가 모두 팔린 것으로 간주한다.

3. 1) 분개 답안

날 짜	차 변		대 변	
5월 1일	미지급이자	50,000	현 금	50,000
5월 2일	임차료	1,000,000	현 금	1,000,000
5월 3일	미지급금	6,000,000	현 금	6,200,000
	소모품	200,000		
5월 6일	매입채무	4,500,000	현 금	4,500,000
5월 10일	현 금	6,000,000	매출채권	6,000,000
5월 15일	매입채무	5,500,000	현 금	5,500,000
5월 16일	상 품	10,000,000	매입채무	10,000,000
5월 25일	매출채권	15,750,000	매 출	15,750,000
	매출원가	10,500,000	상 품	10,500,000
5월 28일	현 금	7,500,000	매출채권	7,500,000
5월 31일	급 여	3,500,000	현 금	3,600,000
	수도광열비	100,000		

2) 현금 계정 잔액

현 금					
5/1	기초잔액	14,920,000	5/1	이자지급	50,000
5/10	매출채권 회수	6,000,000	5/2	임차료	1,000,000
5/28	매출채권 회수	7,500,000	5/3	미지급금 지급, 소모품	6,200,000
			5/6	매입채무 지급	4,500,000
			5/15	매입채무 지급	5,500,000
			5/29	급여, 수도광열비	3,600,000
5/31	차변 합계	28,420,000	5/31	대변 합계	20,850,000
5/31	계정잔액	7,570,000			

3) 시산표

시산표

20×1년 5월 31일

㈜헬스팜 (단위: 원)

차 변	계정과목	대 변
7,570,000	현 금	
15,750,000	매출채권	
500,000	상 품	
200,000	소모품	
440,000	선급보험료	
6,000,000	비 품	
	비품감가상각누계액	100,000
20,000,000	임차보증금	
	매입채무	10,000,000
	단기차입금	10,000,000
	자본금	30,000,000
290,000	이익잉여금(결손금)	
	매 출	15,750,000
10,500,000	매출원가	
3,500,000	급 여	
1,000,000	임차료	
100,000	수도광열비	
65,850,000	합 계	65,850,000

4) 수정분개

날 짜	차 변		대 변	
5월 31일	비품감가상각비	100,000*	비품감가상각누계액	100,000
5월 31일	이자비용	50,000*	미지급이자	50,000
5월 31일	보험료	40,000*	선급보험료	40,000
5월 31일	소모품비	150,000**	소모품	150,000

* 제3장 <표 3.5> 참조.

** 150,000 = 200,000 − 50,000 (남은 소모품)

5) 수정후시산표

수정후시산표

20×1년 5월 31일

㈜헬스팜 (단위: 원)

차 변	계정과목	대 변
7,570,000	현 금	
15,750,000	매출채권	
500,000	상 품	
50,000	소모품	
400,000	선급보험료	
6,000,000	비 품	
	비품감가상각누계액	200,000
20,000,000	임차보증금	
	매입채무	10,000,000
	미지급이자	50,000
	단기차입금	10,000,000
	자본금	30,000,000
290,000	이익잉여금(결손금)	
	매 출	15,750,000
10,500,000	매출원가	
3,500,000	급 여	
1,000,000	임차료	
100,000	수도광열비	
100,000	비품감가상각비	

40,000	보험료	
50,000	이자비용	
150,000	소모품비	
66,000,000	합　계	66,000,000

6) 재무제표

손익계산서

20×1년 5월 1일부터 5월 31일까지

㈜헬스팜 (단위: 원)

과목		
매출액		15,750,000
매출원가		10,500,000
기초 상품재고액	1,000,000	
당기 상품매입액	10,000,000	
기말 상품재고액	500,000	
매출총이익		5,250,000
판매관리비		4,890,000
급　여	3,500,000	
임차료	1,000,000	
수도광열비	100,000	
비품감가상각비	100,000	
보험료	40,000	
소모품비	150,000	
영업이익		360,000
기타수익		0
기타비용		0
금융수익		0
금융비용		50,000
이자비용	50,000	
법인세비용차감전순이익		310,000
법인세비용		0
당기순이익		310,000

재무상태표

20×1년 5월 31일

㈜헬스팜 (단위: 원)

자 산:		부 채:	
유동자산		유동부채	
현 금	7,570,000	매입채무	10,000,000
매출채권	15,750,000	미지급이자	50,000
상 품	500,000	단기차입금	10,000,000
선급보험료	400,000	유동부채 합계	20,050.000
소모품	50,000		
유동자산 합계	24,270,000	부채총계	20,050,000
비유동자산			
임차보증금	20,000,000	자 본:	
비 품	6,000,000	자본금	30,000,000
비품감가상각누계액	(200,000)	이익잉여금	20,000
비유동자산 합계	25,800,000	자본총계	30,020,000
자산총계	50,070,000	부채 및 자본총계	50,070,000

자본변동표

20×1년 5월 1일부터 5월 31일까지

㈜헬스팜 (단위: 원)

과 목	자본금	이익잉여금(결손금)	총 계
20×1.5.1 (기초자본)	30,000,000	(290,000)	29,710,000
당기순이익		310,000	310,000
20×1.5.31 (기말자본)	30,000,000	20,000	30,020,000

현금흐름표

20×1년 5월 1일부터 5월 31일까지

㈜헬스팜 (단위: 원)

Ⅰ. 영업활동 현금흐름		(1,350,000)
고객으로부터 유입된 현금	13,500,000	
공급자에 대한 현금유출	(10,000,000)	
종업원에 대한 현금유출	(3,500,000)	
기타 영업비(임차료, 수도광열비, 소모품) 지급	(1,300,000)	
이자의 지급	(50,000)	

Ⅱ. 투자활동 현금흐름		(6,000,000)
미지급금의 감소	(6,000,000)	
Ⅲ. 재무활동 현금흐름		0
Ⅳ. 현금의 증가(감소)		(7,350,000)
Ⅴ. 기초의 현금		14,920,000
Ⅵ. 기말의 현금		7,570,000

4. 1) 분 개

날 짜	차 변		대 변	
6월 1일	현 금	50,000,000	자본금	50,000,000
6월 2일	임차보증금	30,000,000	현 금	31,000,000
	임차료	1,000,000		
6월 2일	선급보험료	600,000	현 금	600,000
6월 3일	비 품	9,000,000	현 금	5,000,000
			미지급금	4,000,000
6월 4일	현 금	20,000,000	단기차입금	20,000,000
6월 5일	상 품	9,000,000	매입채무	9,000,000
6월 10일	매출채권	10,000,000	매 출	10,000,000
	매출원가	7,500,000	상 품	7,500,000
6월 15일	상 품	10,500,000	매입채무	10,500,000
6월 28일	매출채권	12,000,000	매 출	12,000,000
	매출원가	9,000,000	상 품	9,000,000
6월 30일	급 여	5,000,000	현 금	5,150,000
	전력비	150,000		

2) 현금계정 잔액

현 금			
6/1 주주 출자	50,000,000	6/2 임차보증금, 임차료 지급	31,000,000
6/4 은행 차입	20,000,000	6/2 1년 치 화재보험료 지급	600,000
		6/3 비품 구입	5,000,000
		6/30 급여, 전력비 지급	5,150,000
6/30 차변 합계	70,000,000	6/30 대변 합계	41,750,000
6/30 계정잔액	28,250,000		

3) 시산표

시산표

20×1년 6월 30일

㈜안전유통 (단위: 원)

차 변	계정과목	대 변
28,250,000	현 금	
22,000,000	매출채권	
3,000,000	상 품	
30,000,000	임차보증금	
600,000	선급보험료	
9,000,000	비 품	
	매입채무	19,500,000
	단기차입금	20,000,000
	미지급금	4,000,000
	자본금	50,000,000
	매 출	22,000,000
16,500,000	매출원가	
5,000,000	급 여	
1,000,000	임차료	
150,000	전력비	
115,500,000	합 계	115,500,000

4) 결산수정분개

날 짜	차 변		대 변	
6월 30일	비품감가상각비	150,000[a]	비품감가상각누계액	150,000
6월 30일	이자비용	100,000[b]	미지급이자	100,000
6월 30일	보험료	50,000[c]	선급보험료	50,000

a. 150,000 = [(9,000,000 − 0) ÷ 5] ÷ 12개월

b. 100,000 = (2,000,000 × 0.06) ÷ 12개월

c. 50,000 = 600,000 ÷ 12개월

5) 수정후시산표

수정후시산표

20×1년 6월 30일

㈜안전유통 (단위: 원)

차 변	계정과목	대 변
28,250,000	현 금	
22,000,000	매출채권	
3,000,000	상 품	
30,000,000	임차보증금	
550,000	선급보험료	
9,000,000	비 품	
	비품감가상각누계액	150,000
	매입채무	19,500,000
	미지급이자	100,000
	단기차입금	20,000,000
	미지급금	4,000,000
	자본금	50,000,000
	매 출	22,000,000
16,500,000	매출원가	
5,000,000	급 여	
1,000,000	임차료	
150,000	전력비	
150,000	비품감가상각비	
100,000	이자비용	
50,000	보험료	
115,750,000	합 계	115,750,000

6) 재무제표

손익계산서

20×1년 6월 1일부터 6월 30일까지

㈜안전유통 (단위: 원)

매출액	22,000,000
매출원가	16,500,000

기초상품	0	
당기상품매입액	19,500,000	
기말상품	(3,000,000)	
매출총이익		5,500,000
판매관리비		6,350,000
급 여	5,000,000	
임차료	1,000,000	
전력비	150,000	
비품감가상각비	150,000	
보험료	50,000	
영업이익(손실)		(850,000)
기타수익		0
기타비용		0
금융수익		0
금융비용		100,000
이자비용	100,000	
법인세비용차감전순이익(손실)		(950,000)
법인세비용		0*
당기순이익(손실)		(950,000)

재무상태표

20×1년 6월 30일

㈜안전유통 (단위: 원)

자 산:		부 채:	
유동자산		유동부채	
현 금	28,250,000	매입채무	19,500,000
매출채권	22,000,000	미지급이자	100,000
상 품	3,000,000	미지급금	4,000,000
선급보험료	550,000	단기차입금	20,000,000
유동자산 합계	53,800,000	유동부채 합계	43,600,000
		부채총계	43,600,000
비유동자산			
임차보증금	30,000,000	자 본:	
비 품	9,000,000	자본금	50,000,000

비품감가상각누계액	(150,000)	이익잉여금(결손금)	(950,000)
비유동자산 합계	38,850,000	자본총계	49,050,000
자산총계	92,650,000	부채 및 자본총계	92,650,000

자본변동표

20×1년 6월 1일부터 6월 30일까지

㈜안전유통 (단위: 원)

과 목	자본금	이익잉여금(결손금)	총 계
20×1.6.1 (기초자본)	0	0	0
주주의 출자	50,000,000		50,000,000
당기순손실		(950,000)	(950,000)
20×1.6.30 (기말자본)	50,000,000	(950,000)	49,050,000

현금흐름표

20×1년 6월 1일부터 6월 30일까지

㈜안전유통 (단위: 원)

Ⅰ. 영업활동 현금흐름		(6,750,000)
고객으로부터 유입된 현금	0	
종업원에 대한 현금유출	(5,000,000)	
기타 영업비(임차료, 보험료, 전력비) 지급	(1,750,000)	
Ⅱ. 투자활동 현금흐름*		(35,000,000)
임차보증금의 지급	(30,000,000)	
비품의 취득	(5,000,000)	
Ⅲ. 재무활동 현금흐름		70,000,000
소유주의 출자	50,000,000	
단기차입금의 증가	20,000,000	
Ⅳ. 현금의 증가		28,250,000
Ⅴ. 기초의 현금		0
Ⅵ. 기말의 현금		28,250,000

* 현금유출이 없는 투자활동으로 비품의 외상취득 400만원이 있다.

5. 1)

손익계산서

20×1년 12월 1일부터 12월 31일까지

㈜슈퍼슈즈 (단위: 천원)

매출액		8,075,000
매출원가		5,632,000
매출총이익		2,443,000
판매관리비		2,272,000
급 여	1,760,000	
임차료	77,000	
수도광열비	5,000	
광고선전비	200,000	
감가상각비	93,000	
보험료	65,000	
여비교통비	72,000	
영업이익		171,000
금융비용		55,000
이자비용	55,000	
법인세비용차감전순이익		116,000
법인세비용		0
당기순이익		116,000

2)

재무상태표

20×1년 12월 31일

㈜슈퍼슈즈 (단위: 천원)

자 산:		부 채:	
유동자산		유동부채	
현 금	462,000	매입채무	394,000
매출채권	382,000	미지급이자	4,000
상 품	430,000	유동부채합계	398,000
유동자산합계	1,274,000		
		비유동부채	

비유동자산		장기차입금	1,000,000
비 품	1,040,000	부채총계	1,398,000
비품감가상각누계액	(350,000)	자 본:	
차량운반구	380,000	자본금	450,000
차량감가상각누계액	(80,000)	이익잉여금	416,000
비유동자산합계	990,000	자본총계	866,000
자산총계	2,264,000	부채 및 자본총계	2,264,000

6.

1) 날짜별 분개(단위: 천원)

날 짜	차 변		대 변	
3월 3일	임차료	1,000	현 금	1,000
3월 5일	배당금	1,000	현 금	1,000
3월 6일	현 금	2,000	매출채권	2,000
3월 10일	상 품	4,000	매입채무	4,000
3월 15일	매입채무	2,000	현 금	2,000
3월 23일	접대비	60	현 금	60
3월 25일	매출채권	10,000	매 출	10,000
	매출원가	7,000	상 품	7,000
3월 30일	미지급이자	20	현 금	30
	이자비용	10		

2) 결산수정분개(단위: 천원)

날 짜	차 변		대 변	
3월 31일	보험료	10*	선급보험료	10
	급 여	600	미지급급여	600
	비품감가상각비	100	비품감가상각누계액	100
	차량운반구감가상각비	200	차량운반구감가상각누계액	200

* 10 = 120 ÷ 12개월

3) 당기순이익: 1,020천원

매출액		10,000
매출원가		7,000
매출총이익		3,000
판관비		1,970
임차료	1,000	
접대비	60	
보험료	10	
급 여	600	
감가상각비	300	
영업이익		1,030
금융비용		10
이자비용	10	
법인세비용차감전순이익		1,020
법인세비용		0
당기순이익		1,020

4) 현금 계정 기말잔액: 410천원

현 금

기 초	2,500	03월 03일	1,000
03월 06일	2,000	03월 05일	1,000
		03월 15일	2,000
		03월 23일	60
		03월 31일	30
차변합계	4,500	대변합계	4,090
기말잔액	410		

7.

1) (단위: 백만원)

날 짜	차 변		대 변	
12월 31일	재고자산감모손실	10[a]	상 품	10
	건물감가상각비	50[b]	건물감가상각누계액	50
	보험료	10[c]	선급보험료	10
	미수이자	5	이자수익	5

a. 10 = 3,000 − 2,990
b. 50 = [(12,000 − 0) ÷ 20] ÷ 12개월
c. 10 = 120 ÷ 12개월

2)

수정후시산표

20×1년 12월 31일

㈜세종문고 (단위: 백만원)

차 변	계정과목	대 변
1,800	현 금	
7,500	매출채권	
110	선급보험료	
2,990	상 품	
2,000	단기대여금	
5	미수이자	
12,000	건 물	
	건물감가상각누계액	1,200
	매입채무	4,600
	단기차입금	7,350
	미지급금	470
	자본금	3,000
	이익잉여금	9,750
	매출	11,080
	이자수익	5
6,970	매출원가	
620	급 여	
1,750	임차료	
760	지급수수료	
470	운반보관비	
330	소모품비	
80	이자비용	
10	재고자산감모손실	
50	건물감가상각비	
10	보험료	
37,455	합 계	37,455

3)

손익계산서

20×1년 12월 1일부터 12월 31일까지

㈜세종문고 (단위: 백만원)

매출액		11,080
매출원가*		6,980
매출총이익		4,100
판매관리비		3,990
급 여	620	
임차료	1,750	
지급수수료	760	
운반보관비	470	
소모품비	330	
건물감가상각비	50	
보험료	10	
영업이익(손실)		110
금융수익		5
이자수익	5	
금융비용		80
이자비용	80	
법인세비용차감전순이익(손실)		35
법인세비용		0
당기순이익(손실)		35

* 매출원가에 재고자산감모손실 10백만원이 포함됨.

4)

재무상태표

20×1년 12월 31일

㈜세종문고 (단위: 백만원)

자 산:		부 채:	
유동자산		유동부채	
현 금	1,800	매입채무	4,600
매출채권	7,500	단기차입금	7,350

선급보험료	110	미지급금	470
상　품	2,990	유동부채합계	12,420
단기대여금	2,000	부채총계	12,420
미수이자	5		
유동자산합계	14,405	자　본:	
		자본금	3,000
비유동자산		이익잉여금	9,785
건　물	12,000	자본총계	12,785
건물감가상각누계액	(1,200)		
비유동자산합계	10,800		
자산총계	25,205	부채 및 자본총계	25,205

5) 1)에서 재고자산감모손실에 대한 분개가 없고 아래의 분개가 추가된다.

날 짜	차 변		대 변	
12월 31일	매출원가	9,960	상　품	1,000
			매　입	8,960
	상　품	2,990	매출원가	2,990

8.

추가정보	차변	대변	금액
① 5월 초 1년치 자동차보험료로 480,000원을 지급하였고, 선급보험료로 기록하였다.	17	5	40,000
② 장부상 소모품의 잔액은 170,000원이고, 5월 말 현재 남아 있는 소모품은 40,000원이다.	16	3	130,000
③ 4월 말에 A사로부터 3개월 용역에 대한 대가로 270만원을 미리 받았고, 5월 중에 용역의 1/3이 제공되었다. 5월 말 현재 관련 용역매출은 인식하지 않았다.	10	13	900,000
④ 5월 말 현재 지급되지 않은 급여는 1,000,000원이다.	15	8	1,000,000
⑤ 2020년 1월 초에 비품을 7,200,000원에 구입하였고, 1년 감가상각비는 240,000원이다.	14	7	20,000
⑥ 5월 중 B사에 용역 제공을 완료하고, 5월 말 현재 받지 못한 금액이 2,000,000원이다. 5월 말 현재 관련 용역매출은 인식하지 않았다.	2	13	2,000,000

① 월보험료 = 480,000 ÷ 12개월 = 40,000

② 소모품비 = 170,000 - 40,000 = 130,000

③ 4월 말에 270만원을 미리 받았을 때는 (차변) 현금 270만원 (대변) 선수용역매출 270만원으로 분개한다. 여기서 선수용역매출은 돈만 받고 용역을 제공하지 않았으므로 앞으로 용역을 제공할 의무에 해당하는 부채 계정이다. 5월 말 현재 용역의 1/3이 제공되었으므로 그만큼 용역매출을 인식하고 부채인 선수용역매출은 줄인다.

④ 발생주의를 사용하므로 현금으로 지급하지 않았더라도 근무를 했으므로 비용(급여)을 인식하고 부채(미지급급여)를 인식한다.

⑤ 2020년 1월 말부터 2021년 5월 말까지 감가상각에 대한 수정분개는 동일하다. 5월 말 수정분개 후 비품감가상각누계액은 340,000원(= 20,000원×17개월)이 된다.

⑥ 발생주의에 따라 현금을 받지 않았어도 용역을 제공했으므로 용역매출(수익)을 인식하고 매출채권(자산)을 인식한다.

제4장 실제 기업 사례 문제

1.

1) (99,745,413,114 - 101,450,094,094) ÷ 101,450,094,094 = -0.0168
따라서 1.68% 감소하였다.

2) 매출원가 78,804,641천원 = 기초상품 9,121,075천원 + 당기상품매입액 80,764,623천원 - 타계정대체액 431,902천원 - 기말상품 10,649,154천원
타계정대체액은 상품을 판매가 아닌 광고, 판촉 등의 용도로 사용하거나 직원의 복리후생을 위해 지급한 경우, 상품매입원가만큼을 매출원가에서 제외하고 광고선전비, 복리후생비 등으로 분류하게 되는데 이러한 금액을 타계정대체액으로 표기한다.

3) 2022년 판매관리비 금액이 가장 큰 5개 항목은 급여, 운반비, 외주용역비, 임차료, 지급수수료이고, 가장 많이 증가한 5개 항목은 퇴직급여, 대손상각비,

포장비, 운반비, 접대비이다.

4) 급여는 특정 기간 근로의 대가로 지불하는 금품으로 기본급, 수당, 상여금 등을 포함한다. 퇴직급여는 당기 근로로 인해 새롭게 증가한 퇴직금(또는 퇴직연금)을 말하며, 복리후생비는 직원들의 사기 앙양과 복리후생을 위해 지출하는 비용으로 직원회식비, 간식비, 선물, 경조사비, 기업이 부담하는 국민연금, 건강보험료, 고용보험료, 산재보험료 등을 포함한다.
5) 2022년과 2021년의 영업이익/매출액 비율은 각각 0.0311과 0.0374로 2021년보다 0.63%(= 0.0311 − 0.0374) 포인트 감소하였고, 2022년과 2021년의 당기순이익/매출액 비율은 각각 0.0237과 0.0290로 0.53%(= 0.0237 − 0.0290) 포인트 감소하였다.

2.

1) (부채 ÷ 자본)의 비율은 2021년 167%에서 2022년 151%로 감소하여 재무 상태가 개선되었다.
2) 대손충당금은 매출채권 중 장래에 회수되지 않을 것으로 추정한 금액이다. ㈜알파는 대손충당금이 매출채권에서 차지하는 비율이 2021년 2.43%에서 2022년 3.23%로 증가하였다.
3) 미수금은 기업의 매출과 직접 관련이 없는 재화(비품, 차량, 건물) 등의 외상판매로 발생하고, 미래 현금을 회수할 권리이므로 자산이다. 미지급금은 매출과 직접 관련이 없는 비품, 차량, 소모품 등의 외상매입에서 발생하고, 미래 현금을 지급할 의무이므로 부채이다. 선급금은 주로 필요한 재화를 구입하기 위해 다른 기업에게 미리 현금을 지불한 금액으로 자산이고, 선수금은 고객이 재화를 구입하기 위해 미리 지급한 금액으로 기업이 현금은 받았으나 재화는 아직 공급하지 않았으므로 부채에 해당한다. 예수금은 법과 규정에 따라 고객 또는 종업원으로부터 징수한 부가가치세, 소득세, 건강보험료, 국민연금 등을 회계기간 말 현재 관련 기관에게 아직 지급하지 않은 것으로서 부채에 해당한다.
4) 토지는 시간이 지나도 마모가 없으므로 내용연수가 무한대(∞)라고 볼 수 있으므로 감가상각이 없다. 건설중인자산은 아직 사용하기 전이므로 감가상각이

없다.

5) 아래의 자본변동표에 나타난 것처럼 당기순이익 2,359,969천원의 발생이 자본 총계 증가의 원인이다.

단위: 천원

과 목	자 본 금	이익잉여금	총 계
2022.01.01(당기초)	1,500,000,000	16,921,862,965	18,421,862,965
당기순이익	−	2,359,969,287	2,359,969,287
2022.12.31(당기말)	1,500,000,000	19,281,832,252	20,781,832,252

제5장

제조기업의 회계

O×퀴즈

1. ○
2. × 사무직원의 급여, 사무실 비품의 감가상각비는 제조와 관련이 없으므로 비제조원가에 해당한다.
3. ○
4. × 영업외비용이 아니고 판매관리비이다.
5. × 원재료는 생산에 투입되면 재공품으로 이동하고, 제품이 완성되면 재공품에서 제품으로 이동한다.
6. ○
7. ○
8. × 제조원가는 우선 재공품으로 집계되었다가 완성된 것은 제품으로 이동하고, 제품 중 팔린 것은 매출원가에 반영된다. 따라서 제조원가는 수정후시산표 상에 재공품(미완성), 제품(완성되었으나 안 팔린 것), 매출원가(완성되었고 팔린 것)에 포함되어 있다.
9. × 제조과정에서 투입되고 남은 원재료가 있으면 원재료의 잔액이 표기된다.
10. × 제조과정에 사용된 기계장치, 비품, 차량운반구 등의 감가상각비-제조경비는 제품이 팔렸다면 매출원가에, 팔리지 않았다면 재공품 또는 제품에 포함되어 있으므로 판관비의 감가상각비 합은 제조기업이 인식한 전체 감가상각비 총액보다 작다.

11. ○

12. × 주주의 출자, 차입금의 증가는 재무활동 현금흐름이다.

13. × 기말에 제품이 모두 완성되면 재공품이 모두 제품으로 이전되므로 재공품의 기말잔액은 0이 된다. 그러나 완성되지 않고 생산라인에 남아있는 것이 있다면 재공품의 기말잔액이 0이 아닐 수 있다.

회계용어 초성퀴즈

1. 제조경비
2. 매출총이익
3. 재공품
4. 결손금
5. 계속기록법
6. 재고자산감모손실
7. 상품수불부
8. 실지재고조사법
9. 영업손실
10. 유동자산

제5장 객관식 문제

1. 정답 ①

영업손익 = 매출액 − 매출원가 − 판관비

판관비 = 감가상각비 + 종업원급여 + 광고선전비 = 10,000 + 5,000 + 5,000
= 20,000

따라서 영업손익 = 100,000 − 70,000 − 20,000 = 10,000

여기서 기부금은 기타비용에 해당하고, ㈜시대산업이 제조기업이므로 이자비용은 금융비용, 이자수익은 금융수익임.

2. 정답 ②

소모품에 대한 수정분개: 차) 소모품비 20 대) 소모품 20 (=30 − 10)

이자비용에 대한 수정분개: 차) 이자비용 10 대) 미지급이자 10 (=500 × 0.04 × 6/12)

또한 수정전시산표의 매출 잔액은 대변으로, 선급보험료 잔액은 차변으로, 매입채무 잔액으로 대변으로 수정해야 한다.

따라서 오류와 결산수정분개를 반영한 수정후시산표는 아래와 같다.

계정과목	차 변	대 변
현 금	200	
매 출		300
매출채권	500	
건 물	1,000	
미지급금		200
재고자산	200	
선급보험료	50	
자본금		1,000
소모품	10	
차입금		500
매입채무		50
임차료	30	
급 여	40	
소모품비	20	
이자비용	10	
미지급이자		10
합 계	2,060	2,060

그러므로 차변합계는 ₩2,060

3. 정답 ③

- 임대료수익 120,000 중 ₩60,000은 차기의 수익에 해당하므로 임대료수익 60,000의 감소가 필요함.
- 급여 100,000의 추가가 필요함.
- 이자수익 40,000의 추가가 필요함.

따라서 수정 후 당기순손익 = 수정 전 당기순이익 − 60,000 − 100,000 + 40,000

= 100,000 − 120,000 = −20,000

4. 정답 ②

1년분 임대료를 받고 모두 수익으로 처리했으므로 필요한 결산수정분개는 임대료수익을 6개월분인 150,000으로 줄이고, 부채인 선수임대수익 150,000을 인식해야 한다.

(차) 임대료(수익) 150,000 (대) 선수임대수익 150,000

따라서 위 분개를 하지 않으면 수익이 과대계상되므로 당기순이익도 과대계상되고, 부채는 과소계상된다.

5. 정답 ①

① 감가상각비는 경우에 따라 제조경비 또는 판관비, 둘 다 가능하다. 제조에 사용되는 기계장치의 감가상각비는 제조원가이지만 회계부서에서 사용되는 비품의 감가상각비는 판관비로 분류한다.

제5장 주관식 문제

1. (단위: 천원)

1) 재공품으로 이전되는 항목: 원재료 16,000 (원재료의 80%만 제조공정에 투입),
   급여 – 노무원가 15,000, 임차료 – 제조경비 4,000, 전력비 – 제조경비 110,
   감가상각비 – 제조경비 3,000
   합계 = 38,110
2) 38,110 × 0.9 = 34,299
3) 870 (이자비용은 금융비용임)
4) 7,811 (= 원재료 + 제품 = 4,000 + 3,811)

2.

1) 재료원가 = 원재료 제조공정 투입액 = 34,000,000원
   노무원가 = 공장직원 급여 = 70,000,000원
   제조경비 = 기타 제조 관련 비용 + 감가상각비 (60%) + 전력비 (80%)
   = 10,000,000 + 30,000,000 + 24,000,000 = 64,000,000
2) 총제조원가 = 재료원가 + 노무원가 + 제조경비 = 168,000,000원
3) 매출원가 = 제품의 90% = 168,000,000 × 0.9 = 151,200,000원

4) 판매관리비 = 사무직원 급여 + 본사 감가상각비 + 본사 전력비 + 광고비
= 50,000,000 + 20,000,000 + 6,000,000 + 5,000,000 = 81,000,000원

5) 재고자산 = 원재료 기말재고액 + 제품 기말재고액
= 3,000,000 + 16,800,000 = 19,800,000원

3.

1) 날짜별 분개

날 짜	차 변		대 변	
5월 1일	현 금	30,000,000	자본금	30,000,000
5월 2일	기계장치	20,000,000	현 금	20,000,000
5월 3일	현 금	10,000,000	단기차입금	10,000,000
5월 4일	원재료	2,000,000	현 금	2,000,000
5월 7일	광고선전비	1,000,000	현 금	1,000,000
5월 20일	접대비	60,000	현 금	60,000
5월 28일	현 금	7,000,000	인쇄제품매출	7,000,000
5월 31일	임차료-제조경비	800,000	현 금	4,500,000
	임차료-판관비	200,000		
	급여-노무원가	3,000,000		
	급여-판관비	500,000		

2)

현 금					
5/1	주주 출자	30,000,000	5/2	기계장치 구입	20,000,000
5/3	단기차입금	10,000,000	5/4	원재료 구입	2,000,000
5/28	매 출	7,000,000	5/7	광고비 지출	1,000,000
			5/20	접대비 지출	60,000
			5/31	임차료, 급여 지급	4,500,000
5/31	차변잔액	47,000,000	5/31	대변잔액	27,560,000
5/31	계정잔액	19,440,000			

3)

시산표
20×1년 5월 31일

㈜율도인쇄소 (단위: 원)

차 변	계정과목	대 변
19,440,000	현 금	
20,000,000	기계장치	
2,000,000	원재료	
	단기차입금	10,000,000
	자본금	30,000,000
	인쇄제품매출	7,000,000
3,000,000	급여-노무원가	
800,000	임차료-제조경비	
500,000	급여-판관비	
200,000	임차료-판관비	
1,000,000	광고선전비	
60,000	접대비	
47,000,000	합 계	47,000,000

4) 결산수정분개

날 짜	차 변		대 변	
5월 31일	기계장치감가상각비-제조경비	300,000[a]	기계장치감가상각누계액	300,000
	이자비용	50,000[b]	미지급이자	50,000
5월 31일	재공품	5,600,000	급여-노무원가	3,000,000
			임차료-제조경비	800,000
			기계장치감가상각비-제조경비	300,000
			원재료	1,500,000[c]
5월 31일	제 품	5,600,000	재공품	5,600,000
5월 31일	매출원가	5,600,000	제 품	5,600,000

a. 300,000 = [(20,000,000 − 2,000,000) ÷ 5] ÷ 12개월

b. 50,000 = (10,000,000 × 0.06) ÷ 12개월

c. 1,500,000 = 2,000,000 − 500,000 (남은 원재료)

5)

수정후시산표

20×1년 5월 31일

㈜율도인쇄소 (단위: 원)

차 변	계정과목	대 변
19,440,000	현 금	
20,000,000	기계장치	
	기계장치감가상각누계액	300,000
500,000	원재료	
	단기차입금	10,000,000
	미지급이자	50,000
	자본금	30,000,000
	인쇄제품매출	7,000,000
5,600,000	매출원가	
500,000	급여-판관비	
200,000	임차료-판관비	
1,000,000	광고선전비	
60,000	접대비	
50,000	이자비용	
47,350,000	합 계	47,350,000

6)

손익계산서

20×1년 5월 1일부터 5월 31일까지

㈜율도인쇄소 (단위: 원)

과목		
매출액		
인쇄제품매출		7,000,000
매출원가		5,600,000
기초제품	0	
당기제품제조원가	5,600,000	
기말제품	0	
매출총이익		1,400,000
판매관리비		1,760,000
급 여	500,000	

임차료	200,000	
광고선전비	1,000,000	
접대비	60,000	
영업이익(손실)		(360,000)
금융비용		50,000
이자비용	50,000	
법인세비용차감전순이익(손실)		(410,000)
법인세비용		0
당기순이익(손실)		(410,000)

재무상태표

20×1년 5월 31일

㈜율도인쇄소 (단위: 원)

자 산:		부 채:	
유동자산		유동부채	
현 금	19,440,000	미지급이자	50,000
원재료	500,000	단기차입금	10,000,000
유동자산 합계	19,940,000	유동부채 합계	10,050,000
		부채총계	10,050,000
비유동자산			
기계장치	20,000,000	자 본:	
기계장치감가상각누계액	(300,000)	자본금	30,000,000
		이익잉여금(결손금)	(410,000)
비유동자산 합계	19,700,000	자본총계	29,590,000
자산총계	39,640,000	부채 및 자본총계	39,640,000

자본변동표

20×1년 5월 1일부터 5월 31일까지

㈜율도인쇄소 (단위: 원)

과 목	자본금	이익잉여금(결손금)	총 계
20×1.5.1 (기초자본)	0	0	0
소유주의 출자	30,000,000		30,000,000
당기순손실		(410,000)	(410,000)
20×1.5.31 (기말자본)	30,000,000	(410,000)	29,590,000

현금흐름표 20×1년 5월 1일부터 5월 31일까지		
㈜율도인쇄소		(단위: 원)
Ⅰ. 영업활동 현금흐름		(560,000)
고객으로부터 유입된 현금	7,000,000	
공급자에 대한 현금유출	(2,000,000)	
종업원에 대한 현금유출	(3,500,000)	
기타 영업비(임차료, 광고비, 접대비) 지급	(2,060,000)	
Ⅱ. 투자활동 현금흐름		(20,000,000)
기계장치의 취득	(20,000,000)	
Ⅲ. 재무활동 현금흐름		40,000,000
소유주의 출자	30,000,000	
단기차입금의 증가	10,000,000	
Ⅳ. 현금의 증가		19,440,000
Ⅴ. 기초의 현금		0
Ⅵ. 기말의 현금		19,440,000

4.

1)

날 짜	차 변		대 변	
7월 1일	현 금	50,000,000	자본금	50,000,000
7월 2일	임차보증금	30,000,000	현 금	31,000,000
	임차료-제조경비	800,000		
	임차료-판관비	200,000		
7월 3일	기계장치	5,000,000	미지급금	9,200,000
	비 품	4,200,000		
7월 4일	원재료	1,500,000	매입채무	1,500,000
7월 30일	급여-노무원가	4,000,000	현 금	7,000,000
	급여-판관비	2,000,000		
	전력비-제조경비	450,000		
	전력비-판관비	50,000		
	광고선전비	500,000		
7월 31일	현 금	9,000,000	매 출	9,000,000

2)

현 금					
7/1	주주 출자	50,000,000	7/2	임차보증금	30,000,000
7/31	현 금	9,000,000	7/2	임차료	1,000,000
			7/30	급여,전력비,광고비 지급	7,000,000
5/31	차변 합계	59,000,000	5/31	대변 합계	38,000,000
5/31	계정잔액	21,000,000			

3)

시산표

20×1년 7월 31일

㈜웰빙천연비누 (단위: 원)

차 변	계정과목	대 변
21,000,000	현 금	
5,000,000	기계장치	
4,200,000	비 품	
1,500,000	원재료	
30,000,000	임차보증금	
	매입채무	1,500,000
	미지급금	9,200,000
	자본금	50,000,000
	매 출	9,000,000
800,000	임차료-제조경비	
200,000	임차료-판관비	
4,000,000	급여-노무원가	
2,000,000	급여-판관비	
450,000	전력비-제조경비	
50,000	전력비-판관비	
500,000	광고선전비	
69,700,000	합 계	69,700,000

4)

날 짜	차 변		대 변	
7월 31일	기계장치감가상각비-제조경비	80,000[a]	기계장치감가상각누계액	80,000
	비품감가상각비-판관비	70,000[b]	비품감가상각누계액	70,000
7월 31일	재공품	6,680,000	임차료-제조경비	800,000
			급여-노무원가	4,000,000
			전력비-제조경비	450,000
			기계장치감가상각비-제조경비	80,000
			원재료	1,350,000[c]
7월 31일	제 품	6,680,000	재공품	6,680,000
7월 31일	매출원가	6,012,000[d]	제 품	6,012,000

a. 80,000 = [(5,000,000 − 200,000) ÷ 5] ÷ 12개월

b. 70,000 = [(4,200,000 − 0) ÷ 5] ÷ 12개월

c. 1,350,000 = 1,500,000 × 0.9

d. 6,012,000 = 6,680,000 × (9,000/10,000)

5)

수정후시산표

20×1년 7월 31일

㈜웰빙천연비누 (단위: 원)

차 변	계정과목	대 변
21,000,000	현 금	
5,000,000	기계장치	
	기계장치감가상각누계액	80,000
4,200,000	비 품	
	비품감가상각누계액	70,000
150,000	원재료	
30,000,000	임차보증금	
668,000	제 품	
	매입채무	1,500,000
	미지급금	9,200,000
	자본금	50,000,000
	매 출	9,000,000
6,012,000	매출원가	
200,000	임차료-판관비	
2,000,000	급여-판관비	

50,000	전력비-판관비	
500,000	광고선전비	
70,000	비품감가상각비-판관비	
69,850,000	합 계	69,850,000

손익계산서

20×1년 7월 1일부터 7월 31일까지

㈜웰빙천연비누 (단위: 원)

매출액			9,000,000
매출원가			6,012,000
	기초제품	0	
	당기제품제조원가	6,680,000	
	기말제품	(680,000)	
매출총이익			2,988,000
판매관리비			2,820,000
	급 여	2,000,000	
	임차료	200,000	
	전력비	50,000	
	광고선전비	500,000	
	비품감가상각비	70,000	
영업이익			168,000
법인세비용차감전순이익			168,000
법인세비용			0
당기순이익			168,000

6)

재무상태표

20×1년 7월 31일

㈜웰빙천연비누 (단위: 원)

자 산:		부 채:	
유동자산		유동부채	
현 금	21,000,000	매입채무	1,500,000
원재료	150,000	미지급금	9,200,000
제 품	668,000	유동부채 합계	10,700,000
유동자산 합계	21,818,000	부채총계	10,700,000

비유동자산			
기계장치	5,000,000	자 본:	
기계장치감가상각누계액	(80,000)	자본금	50,000,000
비 품	4,200,000	이익잉여금	168,000
비품감가상각누계액	(70,000)		
임차보증금	30,000,000	자본총계	50,168,000
비유동자산 합계	39,050,000		
자산총계	60,868,000	부채 및 자본총계	60,868,000

자본변동표

20×1년 7월 1일부터 7월 31일까지

㈜웰빙천연비누 (단위: 원)

과 목	자본금	이익잉여금	총 계
20×1.7.1 (기초자본)	0	0	0
소유주의 출자	50,000,000		50,000,000
당기순이익		168,000	168,000
20×1.7.31 (기말자본)	50,000,000	168,000	50,168,000

현금흐름표

20×1년 7월 1일부터 7월 31일까지

㈜웰빙천연비누 (단위: 원)

Ⅰ. 영업활동 현금흐름		1,000,000
고객으로부터 유입된 현금	9,000,000	
종업원에 대한 현금유출	(6,000,000)	
기타 영업비(임차료, 전력비, 광고비) 지급	(2,000,000)	
Ⅱ. 투자활동 현금흐름		(30,000,000)
임차보증금의 지급	(30,000,000)	
Ⅲ. 재무활동 현금흐름		50,000,000
소유주의 출자	50,000,000	
Ⅳ. 현금의 증가		21,000,000
Ⅴ. 기초의 현금		0
Ⅵ. 기말의 현금		21,000,000

5.

1) 분 개

날 짜	차 변		대 변	
6월 1일	미지급이자	100,000	현 금	100,000
6월 2일	원재료	7,000,000	매입채무	7,000,000
6월 2일	임차료-제조경비	1,800,000	현 금	2,000,000
	임차료-판관비	200,000		
6월 3일	현 금	10,000,000	자본금	10,000,000
6월 4일	미지급금	6,000,000	현 금	6,000,000
6월 7일	매입채무	5,000,000	현 금	5,000,000
6월 10일	광고선전비-판관비	500,000	현 금	500,000
6월 20일	교육훈련비-판관비	60,000	현 금	60,000
6월 28일	현 금	20,000,000	매출채권	20,000,000
6월 29일	급여-노무원가	6,000,000	현 금	11,000,000
	급여-판관비	5,000,000		
	전력비-제조경비	400,000	현 금	430,000
	전력비-판관비	30,000		
6월 30일	매출채권	32,000,000	매 출	32,000,000

2)

현 금			
6/1 기초잔액	5,480,000	6/1 이자 지급	100,000
6/3 주주(양만수) 출자	10,000,000	6/2 임차료 지급	2,000,000
6/28 외상매출금 수령	20,000,000	6/4 미지급금 지급	6,000,000
		6/7 외상매입금 지급	5,000,000
		6/10 광고선전비 지급	500,000
		6/20 교육훈련비 지급	60,000
		6/29 급여 지급	11,000,000
		6/29 전력비 지급	430,000
6/30 차변 합계	35,480,000	6/30 대변 합계	25,090,000
6/30 계정잔액	10,390,000		

3)

시산표

20×1년 6월 30일

㈜뷰티풋 (단위: 원)

차 변	계정과목	대 변
10,390,000	현 금	
32,000,000	매출채권	
1,100,000	선급보험료	
7,000,000	원재료	
2,250,000	제 품	
30,000,000	임차보증금	
20,000,000	기계장치	
	기계장치감가상각누계액	300,000
6,000,000	비 품	
	비품감가상각누계액	100,000
	매입채무	7,000,000
	단기차입금	20,000,000
	자본금	60,000,000
	이익잉여금	3,330,000
	매 출	32,000,000
1,800,000	임차료-제조경비	
6,000,000	급여-노무원가	
400,000	전력비-제조경비	
200,000	임차료-판관비	
5,000,000	급여-판관비	
30,000	전력비-판관비	
500,000	광고선전비-판관비	
60,000	교육훈련비-판관비	
122,730,000	합 계	122,730,000

4)

날 짜	차 변		대 변	
6월 30일	이자비용	100,000[a]	미지급이자	100,000
	기계장치감가상각비-제조경비	300,000[a]	기계장치감가상각누계액	300,000
	비품감가상각비-판관비	100,000[a]	비품감가상각누계액	100,000
	보험료-제조경비	100,000[a]	선급보험료	100,000
6월 30일	재공품	14,900,000	원재료	6,300,000[b]
			급여-노무원가	6,000,000
			임차료-제조경비	1,800,000
			전력비-제조경비	400,000
			기계장치감가상각비-제조경비	300,000
			보험료-제조경비	100,000
6월 30일	제 품	14,900,000	재공품	14,900,000
6월 30일	매출원가	2,250,000[c]	제 품	2,250,000
	매출원가	13,037,500[d]	제 품	13,037,500

a. 제4장 <표 4.4> 참조

b. 6,300,000 = 7,000,000 × 0.9

c. 5월 말 재고(= 2,500켤레 × 900원)

d. 13,037,500 = 14,900,000 × (17,500/20,000)

5)

수정후시산표

20×1년 6월 30일

㈜뷰티풋 (단위: 원)

차 변	계정과목	대 변
10,390,000	현 금	
32,000,000	매출채권	
1,000,000	선급보험료	
700,000	원재료	
1,862,500	제 품	
30,000,000	임차보증금	
20,000,000	기계장치	
	기계장치감가상각누계액	600,000

6,000,000	비　품	
	비품감가상각누계액	200,000
	미지급이자	100,000
	매입채무	7,000,000
	단기차입금	20,000,000
	자본금	60,000,000
	이익잉여금	3,330,000
	매　출	32,000,000
15,287,500	매출원가	
200,000	임차료-판관비	
5,000,000	급여-판관비	
30,000	전력비-판관비	
500,000	광고선전비-판관비	
60,000	교육훈련비-판관비	
100,000	비품감가상각비-판관비	
100,000	이자비용	
123,230,000	합　계	123,230,000

6)

손익계산서

20×1년 6월 1일부터 6월 30일까지

㈜뷰티풋		(단위: 원)
매출액		32,000,000
매출원가		15,287,500
기초제품재고액	2,250,000	
당기제품제조원가	14,900,000	
기말제품재고액	(1,862,500)	
매출총이익		16,712,500
판매관리비		5,890,000
급여	5,000,000	
임차료	200,000	
광고선전비	500,000	
교육훈련비	60,000	

비품감가상각비	100,000	
전력비	30,000	
영업이익		10,822,500
금융비용		100,000
이자비용	100,000	
법인세비용차감전순이익		10,722,500
법인세비용		0*
당기순이익		10,722,500

* 법인세비용은 없는 것으로 가정.

재무상태표

20×1년 6월 30일

㈜뷰티풋 (단위: 원)

자 산:			
유동자산		부 채:	
현 금	10,390,000	유동부채	
매출채권	32,000,000	매입채무	7,000,000
원재료	700,000	미지급이자	100,000
제 품	1,862,500	단기차입금	20,000,000
선급보험료	1,000,000	유동부채 합계	27,100,000
유동자산 합계	45,952,500	부채총계	27,100,000
비유동자산			
기계장치	20,000,000	자 본:	
기계장치감가상각누계액	(600,000)	자본금	60,000,000
비품	6,000,000	이익잉여금	14,052,500
비품감가상각누계액	(200,000)	자본총계	74,052,500
임차보증금	30,000,000		
비유동자산 합계	55,200,000		
자산총계	101,152,500	부채 및 자본총계	101,152,500

6.

1) 날짜별 분개

날 짜	차 변		대 변	
8월 1일	현 금	90,000,000	자본금	90,000,000
8월 2일	임차보증금	50,000,000	현 금	52,500,000
	임차료-제조경비	2,000,000		
	임차료-판관비	500,000		
8월 2일	현 금	30,000,000	단기차입금	30,000,000
8월 3일	기계장치	40,000,000	현 금	40,000,000
	비 품	4,800,000	미지급금	4,800,000
8월 4일	선급보험료	1,200,000	현 금	1,200,000
8월 7일	원재료	10,000,000	매입채무	10,000,000
8월 29일	급여-노무원가	9,000,000	현 금	14,000,000
	급여-판관비	5,000,000		
8월 30일	전력비-제조경비	300,000	현 금	330,000
	전력비-판관비	30,000		
8월 31일	매출채권	30,400,000	매 출	30,400,000

2)

현 금			
8/1 주주 출자	90,000,000	8/2 임차보증금, 임차료 지급	52,500,000
8/2 은행 차입	30,000,000	8/3 기계장치 구입	40,000,000
		8/4 보험료 지급	1,200,000
		8/29 급여 지급	14,000,000
		8/30 전력비 지급	330,000
8/31 차변 합계	120,000,000	8/31 대변 합계	108,030,000
8/31 계정잔액	**11,970,000**		

3)

시산표
20×1년 8월 31일

㈜제일모자 (단위: 원)

차 변	계정과목	대 변
11,970,000	현 금	
30,400,000	매출채권	
1,200,000	선급보험료	
10,000,000	원재료	
50,000,000	임차보증금	
40,000,000	기계장치	
4,800,000	비 품	
	매입채무	10,000,000
	미지급금	4,800,000
	단기차입금	30,000,000
	자본금	90,000,000
	매 출	30,400,000
2,000,000	임차료-제조경비	
9,000,000	급여-노무원가	
300,000	전력비-제조경비	
500,000	임차료-판관비	
5,000,000	급여-판관비	
30,000	전력비-판관비	
165,200,000	합 계	165,200,000

4)

날 짜	차 변		대 변	
8월 31일	이자비용	75,000[a]	미지급이자	75,000
	기계장치감가상각비-제조경비	600,000[b]	기계장치감가상각누계액	600,000
	비품감가상각비-판관비	80,000[c]	비품감가상각누계액	80,000
	보험료-제조경비	100,000[d]	선급보험료	100,000
8월 31일	재공품	21,000,000	원재료	9,000,000[e]
			급여-노무원가	9,000,000
			임차료-제조경비	2,000,000

			전력비-제조경비	300,000
			기계장치감가상각비-제조경비	600,000
			보험료-제조경비	100,000
8월 31일	제 품	21,000,000	재공품	21,000,000
8월 31일	매출원가	19,950,000[f]	제 품	19,950,000

a. 75,000 = (30,000,000 × 0.03) ÷ 12개월

b. 600,000 = [(40,000,000 − 4,000,000) ÷ 5] ÷ 12개월

c. 80,000 = [(4,800,000 − 0) ÷ 5] ÷ 12개월

d. 100,000 = 1,200,000 ÷ 12개월

e. 9,000,000 = 10,000,000 × 0.9

f. 19,950,000 = 21,000,000 × (3,800/4,000)

5)

수정후시산표

20×1년 8월 31일

㈜제일모자 (단위: 원)

차 변	계정과목	대 변
11,970,000	현 금	
30,400,000	매출채권	
1,100,000	선급보험료	
1,000,000	원재료	
1,050,000	제 품	
50,000,000	임차보증금	
40,000,000	기계장치	
	기계장치감가상각누계액	600,000
4,800,000	비 품	
	비품감가상각누계액	80,000
	매입채무	10,000,000
	미지급금	4,800,000
	미지급이자	75,000
	단기차입금	30,000,000
	자본금	90,000,000
	매 출	30,400,000
19,950,000	매출원가	
500,000	임차료-판관비	

5,000,000	급여-판관비	
30,000	전력비-판관비	
80,000	비품감가상각비	
75,000	이자비용	
165,955,000	합　계	165,955,000

6)

손익계산서

20×1년 8월 1일부터 8월 31일까지

㈜제일모자		(단위: 원)
매출액		30,400,000
매출원가		19,950,000
기초제품재고액	0	
당기제품제조원가	21,000,000	
기말제품재고액	(1,050,000)	
매출총이익		10,450,000
판매관리비		5,610,000
급　여	5,000,000	
임차료	500,000	
비품감가상각비	80,000	
전력비	30,000	
영업이익		4,840,000
기타수익		0
기타비용		0
금융수익		0
금융비용		75,000
이자비용	75,000	
법인세비용차감전순이익		4,765,000
법인세비용		0*
당기순이익		4,765,000

* 법인세비용은 없는 것으로 가정

재무상태표

20×1년 8월 31일

㈜제일모자 (단위: 원)

자 산:		부 채:	
유동자산		유동부채	
현 금	11,970,000	매입채무	10,000,000
매출채권	30,400,000	미지급이자	75,000
원재료	1,000,000	미지급금	4,800,000
제 품	1,050,000	단기차입금	30,000,000
선급보험료	1,100,000	유동부채 합계	44,875,000
유동자산 합계	45,520,000	부채총계	44,875,000
비유동자산		자 본:	
기계장치	40,000,000	자본금	90,000,000
기계장치감가상각누계액	(600,000)	이익잉여금	4,765,000
비 품	4,800,000	자본총계	94,765,000
비품감가상각누계액	(80,000)		
임차보증금	50,000,000		
비유동자산 합계	94,120,000		
자산총계	139,640,000	부채 및 자본총계	139,640,000

자본변동표

20×1년 8월 1일부터 8월 31일까지

㈜제일모자 (단위: 원)

과 목	자본금	이익잉여금	총 계
20×1.8.1 (기초자본)	0	0	0
소유주의 출자	90,000,000		90,000,000
당기순이익		4,765,000	4,765,000
20×1.8.31 (기말자본)	90,000,000	4,765,000	94,765,000

현금흐름표		
20×1년 8월 1일부터 8월 31일까지		
㈜제일모자		(단위: 원)
Ⅰ. 영업활동 현금흐름		(18,030,000)
고객으로부터 유입된 현금	0	
종업원에 대한 현금유출	(14,000,000)	
기타 영업비(임차료, 보험료 등) 지급	(4,030,000)	
Ⅱ. 투자활동 현금흐름*		(90,000,000)
기계장치의 취득	(40,000,000)	
임차보증금의 지급	(50,000,000)	
Ⅲ. 재무활동 현금흐름		120,000,000
소유주의 출자	90,000,000	
단기차입금의 증가	30,000,000	
Ⅳ. 현금의 증가		11,970,000
Ⅴ. 기초의 현금		0
Ⅵ. 기말의 현금		11,970,000

* 현금유출이 없는 투자활동으로 비품의 외상구입 480만원이 있다.

7.

1) 날짜별 분개

날 짜	차 변		대 변	
9월 1일	현 금	300,000,000	자본금	300,000,000
9월 2일	임차보증금	100,000,000	현 금	102,000,000
	임차료-제조경비	1,600,000		
	임차료-판관비	400,000		
9월 3일	기계장치	150,000,000	미지급금	100,000,000
	차량운반구	20,000,000	현 금	72,400,000
	비 품	2,400,000		
9월 4일	원재료	3,500,000	현 금	3,500,000
9월 15일	매출채권	7,500,000	매 출	7,500,000
9월 16일	원재료	4,000,000	매입채무	4,000,000
9월 29일	현 금	7,000,000	매 출	7,000,000

9월 30일	급여-노무원가 급여-판관비 수도광열비-제조경비 수도광열비-판관비	5,000,000 2,000,000 250,000 50,000	현　금 미지급수도광열비	7,000,000 300,000

2)

현　금					
9/1	주주 출자	300,000,000	9/2	임차보증금	100,000,000
9/29	현금 매출	7,000,000	9/2	임차료	2,000,000
			9/3	기계, 트럭, 비품 구입	72,400,000
			9/4	원재료 구입	3,500,000
			9/30	급여 지급	7,000,000
9/30	차변 합계	307,000,000	9/30	대변 합계	184,900,000
9/30	계정잔액	**122,100,000**			

3)

시산표

20×1년 9월 30일

㈜남도김치　　　　(단위: 원)

차　변	계정과목	대　변
122,100,000	현　금	
7,500,000	매출채권	
7,500,000	원재료	
150,000,000	기계장치	
20,000,000	차량운반구	
2,400,000	비　품	
100,000,000	임차보증금	
	매입채무	4,000,000
	미지급수도광열비	300,000
	미지급금	100,000,000
	자본금	300,000,000
	매　출	14,500,000
1,600,000	임차료-제조경비	
400,000	임차료-판관비	
5,000,000	급여-노무원가	

2,000,000	급여-판관비	
250,000	수도광열비-제조경비	
50,000	수도광열비-판관비	
418,800,000	합 계	418,800,000

4) 결산수정분개

날 짜	차 변	대 변
9월 30일	기계장치감가상각비-제조경비 2,250,000[a] 차량운반구감가상각비-판관비 300,000[b] 비품감가상각비-판관비 40,000[c]	기계장치감가상각누계액 2,250,000 차량운반구감가상각누계액 300,000 비품감가상각누계액 40,000
9월 30일	재공품 16,600,000	원재료 7,500,000 임차료-제조경비 1,600,000 급여-노무원가 5,000,000 수도광열비-제조경비 250,000 기계장치감가상각비-제조경비 2,250,000
9월 30일	제 품 16,600,000	재공품 16,600,000
9월 30일	매출원가 13,280,000[d]	제 품 13,280,000

a. 2,250,000 = [(150,000,000 − 15,000,000) ÷ 5] ÷ 12개월
b. 300,000 = [(20,000,000 − 2,000,000) ÷ 5] ÷ 12개월
c. 40,000 = [(2,400,000 − 0) ÷ 5] ÷ 12개월
d. 13,280,000 = 16,600,000 × 0.8

5)

수정후시산표

20×1년 9월 30일

㈜남도김치 (단위: 원)

차 변	계정과목	대 변
122,100,000	현 금	
7,500,000	매출채권	
3,320,000	제 품	
150,000,000	기계장치	
	기계장치감가상각누계액	2,250,000
20,000,000	차량운반구	
	차량운반구감가상각누계액	300,000

2,400,000	비　품	
	비품감가상각누계액	40,000
100,000,000	임차보증금	
	매입채무	4,000,000
	미지급수도광열비	300,000
	미지급금	100,000,000
	자본금	300,000,000
	매　출	14,500,000
13,280,000	매출원가	
400,000	임차료-판관비	
2,000,000	급여-판관비	
50,000	수도광열비-판관비	
300,000	차량운반구감가상각비-판관비	
40,000	비품감가상각비-판관비	
421,390,000	합　계	421,390,000

6)

손익계산서

20×1년 9월 1일부터 9월 30일까지

㈜남도김치		(단위: 원)
매출액		14,500,000
매출원가		13,280,000
기초제품	0	
당기제품제조원가	16,600,000	
기말제품	(3,320,000)	
매출총이익		1,220,000
판매관리비		2,790,000
급　여	2,000,000	
임차료	400,000	
수도광열비	50,000	
차량운반구감가상각비	300,000	
비품감가상각비	40,000	
영업이익(손실)		(1,570,000)
법인세비용차감전순이익(손실)		(1,570,000)
법인세비용		0
당기순이익(손실)		(1,570,000)

재무상태표

20×1년 9월 30일

㈜남도김치 (단위: 원)

자 산:		부 채:	
유동자산		유동부채	
현 금	122,100,000	매입채무	4,000,000
매출채권	7,500,000	미지급비용	300,000
제 품	3,320,000	미지급금	100,000,000
유동자산 합계	132,920,000	유동부채 합계	104,300,000
		부채총계	104,300,000
비유동자산			
기계장치	150,000,000	자 본:	
기계장치감가상각누계액	(2,250,000)	자본금	300,000,000
차량운반구	20,000,000	이익잉여금(결손금)	(1,570,000)
차량운반구감가상각누계액	(300,000)	자본총계	298,430,000
비 품	2,400,000		
비품감가상각누계액	(40,000)		
임차보증금	100,000,000		
비유동자산 합계	269,810,000		
자산총계	402,730,000	부채 및 자본총계	402,730,000

자본변동표

20×1년 9월 1일부터 9월 30일까지

㈜남도김치 (단위: 원)

과 목	자본금	이익잉여금(결손금)	총 계
20×1.9.1 (기초자본)	0	0	0
소유주의 출자	300,000,000		300,000,000
당기순손실		(1,570,000)	(1,570,000)
20×1.9.30 (기말자본)	300,000,000	(1,570,000)	298,430,000

현금흐름표		
20×1년 9월 1일부터 9월 30일까지		
㈜남도김치		(단위: 원)
Ⅰ. 영업활동 현금흐름		(5,500,000)
고객으로부터 유입된 현금	7,000,000	
원재료의 구입에 따른 현금유출	(3,500,000)	
종업원에 대한 현금유출	(7,000,000)	
기타 영업비(임차료) 지급	(2,000,000)	
Ⅱ. 투자활동 현금흐름		(172,400,000)
임차보증금의 지급	(100,000,000)	
기계장치의 구입	(50,000,000)	
차량운반구, 비품의 구입	(22,400,000)	
Ⅲ. 재무활동 현금흐름		300,000,000
소유주의 출자	300,000,000	
Ⅳ. 현금의 증가		122,100,000
Ⅴ. 기초의 현금		0
Ⅵ. 기말의 현금		122,100,000

8.

1)

손익계산서		
20×1년 12월 1일부터 12월 31일까지		
㈜세계화학		(단위: 천원)
매출액		6,240,000
매출원가		3,630,000
매출총이익		2,610,000
판매관리비		2,370,000
급 여	1,265,000	
임차료	240,000	
광고선전비	655,000	
감가상각비	91,000	
보험료	21,000	
여비교통비	98,000	

영업이익		240,000
금융비용		30,000
이자비용	30,000	
법인세비용차감전순이익		210,000
법인세비용		39,000
당기순이익		171,000

2)

재무상태표

20×1년 12월 31일

㈜세계화학 (단위: 천원)

자 산:		부 채:	
유동자산		유동부채	
현 금	250,000	매입채무	974,000
매출채권	1,235,000	미지급금	84,000
재고자산	680,000	유동부채 합계	1,058,000
유동자산 합계	2.165,000		
		비유동부채	
비유동자산		장기차입금	516,000
기계장치	2,862,000	비유동부채 합계	516,000
기계장치감가상각누계액	(1,264,000)	부채총계	1,574,000
비 품	150,000		
비품감가상각누계액	(120,000)	자 본:	
차량운반구	350,000	자본금	400,000
차량운반구감가상각누계액	(300,000)	이익잉여금	1,869,000
비유동자산 합계	1,678,000	자본총계	2,269,000
자산총계	3,843,000	부채 및 자본총계	3,843,000

9.

1)

손익계산서		
20×1년 3월 1일부터 3월 31일까지		
㈜동대문전자		(단위: 원)
매　출		10,502,000
매출원가		7,268,000
매출총이익		3,234,000
판매관리비		2,672,000
급　여	1,210,000	
임차료	570,000	
광고선전비	240,000	
감가상각비	50,000	
보험료	90,000	
운송비	152,000	
수도광열비	360,000	
영업이익		562,000
금융비용		68,000
이자비용	68,000	
법인세비용차감전순이익		494,000
법인세비용		90,000
당기순이익		404,000

2)

재무상태표			
20×1년 3월 31일			
㈜동대문전자			(단위: 원)
자　산:		부　채:	
유동자산		유동부채	
현　금	340,000	매입채무	212,000
매출채권	222,000	미지급금	92,000
재공품	87,000	유동부채 합계	304,000
제　품	580,000		

유동자산 합계	1,229,000	비유동부채	
		장기차입금	500,000
비유동자산		비유동부채 합계	500,000
비 품	1,840,000	부채총계	804,000
비품감가상각누계액	(300,000)		
비유동자산 합계	1,540,000	자 본:	
		자본금	1,480,000
		이익잉여금	485,000
		자본총계	1,965,000
자산총계	2,769,000	부채 및 자본총계	2,769,000

제5장 실제 기업 사례 문제

1.

1) 상품매출액은 다른 기업으로부터 완제품을 구입하여 판매한 금액이고, 제품매출액은 ㈜유풍이 제조하여 만든 제품을 판매한 금액이다.
2) 특수관계자 거래에 관한 주석공시를 보면 방글라데시와 베트남에 있는 종속회사(자회사)로부터 상품을 대부분 구입하고 있다. 따라서 ㈜유풍은 해외 자회사가 제조한 완제품을 수입하여 판매하고 있으며 한국에서 직접 제조하여 판매한 제품의 매출원가는 상품매출원가의 3.6%에 불과하다.
3) 세금과공과는 국가 또는 지방자치단체가 부과하는 국세·지방세 및 공공단체·조합·재단 등의 공과금과 벌금, 과료, 과징금을 포함한다. 예를 들면, 자동차세, 재산세, 상공회의소비, 협회비 등이 있다. 단, 회사의 이익에 부과되는 법인세·주민세 등은 세금과공과가 아닌 법인세비용의 계정과목으로 회계처리를 한다.
4) 수수료수익은 해외 종속회사를 상대로 발생한 것으로 ㈜유풍이 제조를 담당하는 해외 종속회사의 원재료 구매대행을 해주고 받은 대가를 구매대행 수수료로 인식한 것으로 추정된다.
5) 외상으로 수출하여 발생한 매출채권을 만기 이전에 금융기관에 양도하면서 발생한 할인 수수료로 볼 수 있다.

6) ㈜유풍은 현금 및 현금성자산의 일부를 달러로 보유하고, 외화(달러) 매출채권, 미수금, 대여금, 매입채무, 미지급금, 단기차입금을 보유하고 있다. 따라서 기말 환율의 변동에 따라 원화로 표기한 금액이 증가 또는 감소하므로 외화환산이익 또는 외화환산손실이 발생한다.

2.

1) (부채÷자본)은 2021년 21.55%에서 2022년 22.15%로 0.60% (=22.15 − 21.55) 포인트 증가하였다.
2) 단기대여금, 유동성장기대여금, 미수금, 투자자산의 장기대여금은 대부분 해외의 종속회사(자회사)와의 거래에서 발생하였고 모두 US$로 이루어졌다.
3) 토지와 건설중인자산
4) 현금흐름표의 재무활동 현금흐름에 따르면 신규로 대출받은 단기차입금은 23,491백만원이고, 당기에 상환한 단기차입금은 20,996백만원이다.
5) 재무제표 주석14에 의하면 퇴직연금운용자산으로 2022년 말 27,438백만원을 보유하고 있다.
6) 현금흐름표의 재무활동 현금흐름에 따르면 2022년 지급한 현금배당금은 100억원이다.

제6장

재무제표 분석

O×퀴즈

1. × 부채비율은 일반적으로 부채 ÷ 자본으로 계산한다.
2. ○
3. × 유동비율은 클수록 단기지급능력이 큼을 의미한다.
4. × ROA가 아니고 ROE이다.
5. ○
6. × 매출액 대비 매출원가가 차지하는 비중이 작을수록 매출총이익률은 증가한다.
7. ○
8. × 매출액성장률은 2% 포인트 증가하였다. 또는 매출액성장률은 40% (=$\frac{(0.07-0.05)}{0.05}$) 증가하였다.
9. × 365일을 매출채권회전율로 나눈다.
10. ○
11. ○
12. × K-IFRS에서 종속회사가 있는 기업의 주 재무제표는 연결재무제표이다.
13. ○
14. × ROA가 아니라 ROE를 세 가지 구성요소로 나누어 분석하는 방법이다.

제6장 객관식 문제

1. 정답 ①

매출액 = 평균매출채권 × 매출채권회전율 = 15,000 × 8회 = 120,000
매출원가 = 평균재고자산 × 재고자산회전율 = 10,000 × 10회 = 100,000
매출총이익 = 20,000

2. 정답 ③

현재 유동비율이 50% 즉, 1보다 작으므로 분자, 분모에 같은 금액을 차감하면 유동비율은 감소한다. 단기차입금을 현금 20으로 상환한 후 유동자산 = 80, 유동부채 = 180, 따라서 유동비율 = 80 / 180 = 44%로 유동비율이 감소한다.

3. 정답 ②

① (차) 현금(유동자산 증가) (대) 매출채권(유동자산 감소) → 유동자산 불변, 유동비율 불변
② (차) 상품(유동자산 증가) (대) 매입채무(유동부채 증가) → 유동비율이 1보다 크므로 유동비율 감소
③ (차) 매입채무(유동부채 감소) (대) 현금 (유동자산 감소) → 유동비율이 1보다 크므로 유동비율 증가
④ (차) 현금(유동자산 증가) (대) 장기대여금 (비유동자산 감소) → 유동비율 증가

4. 정답 ①

거래 결과, 유동자산은 ₩250(= 500 − ₩250) 증가, 당좌자산은 ₩250 감소, 유동부채는 ₩250 증가이다. 따라서 유동비율은 1보다 크고, 거래 후 유동자산, 유동부채가 똑같이 ₩250 증가하므로 유동비율은 감소하고, 당좌비율은 분자는 감소, 분모는 증가하므로 감소한다.

5. 정답 ②

매출채권회전율 = 매출액 / 평균매출채권 = 50,000 / 2,500 = 20회
재고자산회전율 = 매출원가 / 평균재고자산 = 25,000 / 2,500 = 10회

매출채권 평균회수기간 = 360일 / 20회 = 18일
재고자산 평균판매기간 = 360일 / 10회 = 36일

6. 정답 ②

ROE = 매출액순이익률 × 총자산회전율 × 자기자본승수
　　= 0.05 × 2.2 × 2.4 = 0.264

제6장 실제 기업 사례 문제

1.

	롯데하이마트	전자랜드
매출액총이익률	25.74%	24.68%
매출액영업이익률	−1.56%	−1.51%
매출액세전순이익률	−16.71%	−4.22%
매출액순이익률	−15.82%	−3.36%
부채비율	90.24%	1,981%
이자보상비율	−25.15	−5.83
유동비율	0.86	0.62
매출액성장률	−13.77%	−17.69%
ROE	−33.81%	−108.99%
ROA	−19.52%	−10.82%

1) 최근 가전양판점들의 불황이 지속되고 있으면서 롯데하이마트와 전자랜드(SYS리테일)가 실적 악화를 피하지 못한 상황이다. 두 기업 모두 매출이 하락하고 있으며 수익성이 악화되고 있다. 가전양판점은 전자제품이 크기 때문에 점포 규모가 커서 점포 하나를 줄이면 비용 절감 효과가 크다. 이에, 롯데하이마트는 고정비 절감을 위해 매장을 통폐합하고, 온라인 경쟁력 상승으로 인한 매출 증가를 꾀하는 등 실적 개선 전략을 고심하고 있다. 매출액총이익률은 롯데하이마트가 전자랜드보다 1.06% 포인트 더 높다. 이는 롯데하이마트의 매출 대비 매출원가 비율이 낮음을 의미한다. 두 회사는 2022년도에 영업손실을 기록했다. 매출액영업이익률은 롯데하이마트가 전자랜드보다 0.05%

포인트 더 낮다. 이는 판매관리비가 매출액에서 차지하는 비율이 롯데하이마트가 더 높았기 때문이다. 매출액세전순이익률 또한 두 기업 모두 음수(−)인데, 영업외손익이 매출액에서 차지하는 비율은 두 기업 모두 음수(−)로 영업외손실이 영업외이익보다 크다는 의미이다. 매출액세전순이익률은 매출액영업이익률보다 두 기업 간의 차이가 12.49% 포인트로 더욱 커졌는데 롯데하이마트의 경우 기타비용이 컸기 때문이다. 롯데하이마트의 2022년도 사업보고서 주석을 보면 2022년도에 기타손실이 전년도에 비해 크게 증가했는데, 영업권손상차손 ₩433,125,025,000이 주요 원인이다. 마지막으로 법인세비용이 차감된 매출액순이익률 또한 롯데하이마트가 12.46% 포인트 더 낮다. 요약하면, 2022년의 수익성은 롯데하이마트와 전자랜드 모두 열악한 상태이다.

2) 부채비율은 전자랜드가 1,981%로 매우 높고, 이자보상비율은 법인세비용차감전순손실 발생으로 음수이며 이자비용을 낼 여력이 없는 상태이다. 유동비율도 전자랜드가 롯데하이마트보다 더 낮다. 반면, 롯데하이마트는 부채비율이 90.24%로 전자랜드에 비해 준수한 상황이고 이자보상비율은 법인세비용차감전손실로 음수이며 이자비용을 지급할 순이익이 없는 상황이다. 2022년의 재무 상태는 롯데하이마트가 전자랜드보다는 조금 더 양호하다.
3) 전자랜드의 매출액은 전기 대비 17.69%가 하락하였으며 롯데하이마트는 13.77% 하락하여 두 기업의 매출액성장률은 하락세이다.
4) 전자랜드의 ROE는 롯데하이마트보다 더 낮다. 전자랜드의 ROE는 −108.99%이고 ROA는 −10.82%로서 ROE가 ROA에 비해서 훨씬 낮다. 이는 전자랜드의 자본이 매우 작은 데 손실이 크게 발생했기 때문이다. 타인자본과 자기자본을 구분하지 않는 ROA의 경우 전자랜드가 롯데하이마트보다 나은 상황이지만 두 기업 모두 당기순손실을 기록하였기에 ROA는 음수(−)이다.

2.

	신세계	이마트
매출액성장률	23.69%	17.65%
ROA	3.91%	3.13%
매출액순이익률	7.01%	3.44%
총자산회전율	0.56	0.91
부채비율	129.51%	146.24%
ROE	9.12%	7.79%

1) 신세계가 23.69%로 이마트의 17.65%보다 더 6.04% 포인트 더 높다.
2) 두 기업의 ROA는 유사한데 신세계가 3.91%로 이마트보다 0.78% 포인트 더 높다.
3) 백화점의 매출은 백화점 입점업체들로부터 받는 수수료가 많은 부분을 차지하고, 백화점이 직접 매입하여 판매하는 상품은 높은 가격에 마진이 높은 반면, 대형마트는 상대적으로 박리다매형 영업이기 때문에 신세계의 매출액순이익률이 이마트보다 더 높다.
4) 두 기업의 ROA는 유사하나 매출액순이익률은 신세계가 더 높다. 따라서 총자산회전율은 반대로 이마트가 더 높을 것이다. 실제로 계산하면 이마트가 0.91로 신세계의 0.56보다 더 높다.
5) 2022년 부채비율은 이마트가 146.24%로 신세계의 129.51%보다 더 높다.
6) 신세계와 이마트의 [ROA × (1 + 부채비율)]는 각각 8.98%와 7.7%로 ROE 값과 유사하다.

$$ROE = \frac{당기순이익}{자산총계} * \frac{자산총계}{자본총계} = \frac{당기순이익}{자산총계} * \frac{자본총계 + 부채총계}{자본총계} = ROA * \left(1 + \frac{부채총계}{자본총계}\right)$$

그러나 실제 계산한 값이 정확하게 같지 않은 이유는 ROA와 ROE는 평균자산총계과 평균자본총계를 사용한 반면, 부채비율은 평균값이 아닌 기말 값을 사용하였기 때문에 약간의 차이가 발생한다.

7) 부채비율이 증가하면 이자비용의 증가 등으로 ROA는 감소하는 경향이 있다. 따라서 단순히 부채비율이 증가한다고 ROE가 증가하지는 않는다. 다만, 부채비율이 증가할 때 ROA도 증가한다면 ROE는 증가할 수도 있다.

3.

재무비율	상신브레이크	새론오토모티브	KB오토시스
매출액성장률	23.17%	8.18%	36.82%
부채비율	175.11%	11.41%	103.37%
유동비율	1.08	6.62	1.32
이자보상비율	1.82	−39.98	2.67
매출액총이익률	20.14%	7.02%	8.51%
매출액영업이익률	2.88%	−2.24%	1.37%
매출액세전순이익률	1.39%	−4.25%	1.41%
매출액순이익률	0.18%	−4.31%	0.62%
ROA	0.17%	−2.27%	0.60%
ROE	0.44%	−2.54%	1.09%

* 연결재무제표 주석에 따르면 성신브레이크, 새론오토모티브, KB오토시스의 2022년 이자비용은 각각 8,283,375천원, 73,029천원, 1,503,644천원이다.

1)

	상신브레이크	새론오토모티브	KB오토시스
자산총계	5,436억원	2,562억원	2,044억원
매출액	4,890억원	1,380억원	1,780억원
시장점유율	52.53%	16.75%	19.11%

상신브레이크의 시장점유율은 2012년 42%에서 계속 상승하는 추세이다. 브레이크 마찰재 회사들의 주요 고객은 현대, 기아차로서 이들 회사의 매출액은 현대, 기아차의 자동차 판매량과 비슷한 흐름을 보인다. 상신브레이크의 경우 수출이 매출 비중의 약 70% 정도이다. 따라서 2022년도 매출액 증가는 브레이크 마찰재 판매의 증가와 더불어 원-달러 환율 상승으로 인한 수출가격 상승이 원인이다.

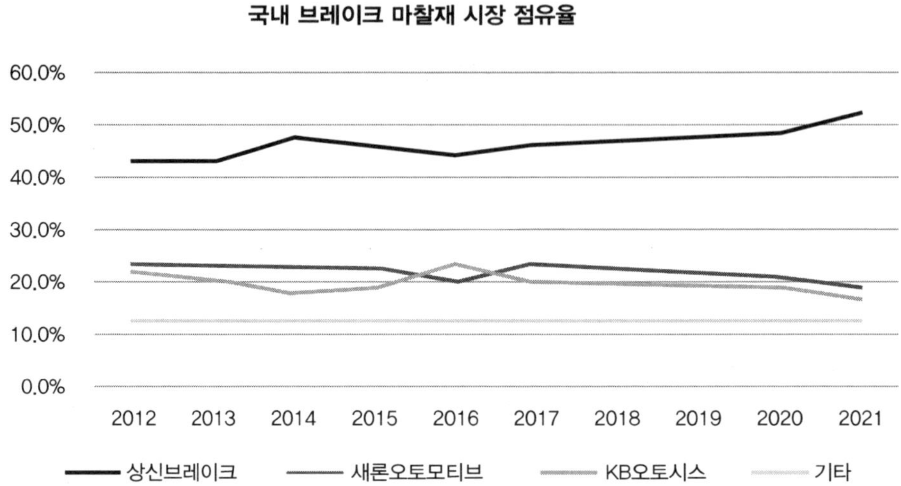

2) 상신브레이크 사업보고서 'II. 사업의 내용-매출 및 수주상황'에 따르면 매출 증가는 내수보다는 수출의 증가에 기인한다. 이와 비슷하게 새론오토모티브와 KB오토시스 사업보고서 'II. 사업의 내용-매출 및 수주상황'의 테이블을 보면 매출의 증가는 주로 수출의 증가로 인한 것으로 분석된다. 또한 'IV. 이사의 경영진단과 분석의견'에 따르면 매출은 멕시코 법인의 매출 증가로 상승했다고 보고하고 있다. 내용은 아래와 같다.

> • 2022년 매출은 수출 증가와 중국, 멕시코 법인의 매출 증가로 21년 대비 23.2%, 920억원 증가하였습니다.
> • 글로벌 보수용 시장을 중심으로 지속적인 매출을 확대하고 있으며, OE시장에서도 글로벌완성차 납품을 통하여 지속적인 매출 성장을 이어가고자 합니다.
> • 2022년은 원자재 가격 상승 등 원가 인상요인이 있었지만 판매물량 증가 및 고환율 영향 등으로 영업이익률은 2021년 2.5%에서 2.9%로 개선되었습니다.

3) ㈜상신브레이크는 세 기업 중 부채비율이 가장 높고 유동비율도 가장 낮다. 이자보상비율이 1.82로 이자 지급 여력이 있다. 또한 부채비율은 최근 3년간 계속 하락하고 있어 재무 안정성이 지속적으로 개선되고 있다. ㈜새론오토모티브는 부채비율이 가장 낮고, 유동비율은 가장 높으며 이자비용 자체가 매우 적어 재무 상태가 가장 안정적이다. 하지만 당기순손실로 인해 회사의 수익성이 낮아서 이자보상비율이 음수이다. ㈜KB오토시스는 부채비율은 최근 몇 년

간 상승하여 2022년도에는 103.37%이다. 유동비율은 최근 3년간 평균 1.3을 유지하고 있으며 이자보상비율은 이자 지급능력이 충분함을 나타내고 있다.

4) ㈜상신브레이크는 매출액 대비 매출원가 비율이 가장 낮아 매출액총이익률이 가장 높다. 매출액영업이익률 또한 ㈜상신브레이크가 가장 높다. 그러나, KB오토시스가 매출액세전순이익률, 매출액순이익률은 다소 더 높은 것으로 나타났다. ㈜새론오토모티브는 2021년과 2022년에 영업손실을 기록하였다. 따라서 매출액영업이익률, 매출액세전순이익률, 매출액순이익률이 모두 음수(−)이다. ㈜KB오토시스는 매출원가의 비중이 높아 매출액총이익률이 (주)상신브레이크의 20.14%에 비해 낮은 8.51%이다. 특히, ㈜KB오토시스의 매출액총이익률은 2018년도의 13.95%, 2019년도의 8.18%, 2021년도의 9.45%에 비해 지속적으로 악화되었음을 알 수 있다. 매출액세전순이익률, 매출액순이익률이 ㈜새론오토모티브에 비해 높은데 이는 기타수익으로 인한 것이다.

5) ROE는 (주)KB오토시스가 가장 높다. (주)KB오토시스는 (주)새론오토모티브보다 상대적으로 자본 대비 부채가 많지만 이를 영업활동에 투입하여 이자비용을 초과하는 수익을 달성함으로써 자기자본 대비 이익률을 나타내는 ROE에 있어서는 다른 두 기업을 능가한다. 자기자본을 구분하지 않고 총자산으로 산출하는 ROA에서도 (주)KB오토시스가 세 기업 중 가장 높은 수준을 보인다.

4.

	BYC	쌍방울	좋은사람들
매출액성장률	3.18%	6.46%	−14.74%
부채비율	26.69%	20.98%	38.01%
유동비율	1.52	4.85	3.37
이자보상비율	19.59	−92.93	−2.38
매출액총이익률	42.28%	28.37%	53.75%
매출액영업이익률	14.93%	0.62%	−5.36%
매출액세전순이익률	28.36%	−106.16%	−7.91%
매출액순이익률	20.80%	−92.95%	−7.75%
ROE	7.07%	−52.32%	−16.23%
ROA	5.21%	−34.08%	−9.38%

1)

	BYC	쌍방울	좋은사람들
자산총계	6,688억원	1,677억원	739억원
매출액	1,697억원	1,033억원	805억원
자회사	중국 상해 백양유한공사, 인도네시아 PT. BYC INDONESIA 외 2개사	길림트라이방직유한공사 훈춘트라이침직유한공사 훈춘쌍방울침직유한공사 쌍방울북경상무유한공사 쌍방울상해상무유한공사 쌍방울심양상무유한공사	좋은사람들 개성1공장, 캄보디아 Good People Co.ltd (주)좋은사람들자산관리

2) ㈜좋은사람들의 사업보고서 'IV. 이사의 경영진단과 분석의견'에 따르면 전년 대비 약 14.74%의 매출이 감소하였다. 하락의 주요 이유는 온라인 시장 대응 실패와 횡령배임으로 인한 비용 증가가 원인이다. 다음은 'IV. 이사의 경영진단과 분석의견'의 내용이다.

> 당사의 매출은 과거 연간 1,000억원 규모 수준으로서 오프라인 매장이 전체 매출의 약 90%를 차지하는 핵심 매출원이었으나, 오프라인 매장 대응전략(직영점 위주의 브랜드 통폐합, 대리점 이탈 방지 전략 등) 부재, 브랜드 관리(아이덴티티, 상품기획, 디자인 등) 부재 등의 원인으로 인하여 최근 5개년간 브랜드별 전문점이 18년 549개소에서 22년 449개소로 100개소가 감소함에 따라 매출도 약 20% 하락하였습니다.
> 또한 소비자의 소비 패턴이 오프라인 중심에서 온라인 채널 중심으로 빠르게 전환하고 있음에도 불구하고 당사는 온라인 시장에 대한 대응 전략 및 마케팅 투자 부재로 수익성도 악화되고 있으며, 2022년 연결기준 매출액 804억, 영업손실 43억으로 전년 대비 매출액은 약 14.7% 감소, 영업이익은 소폭 상승하였습니다.
> 당사 수익성 관련하여 COVID-19 및 온라인 중심의 소비패턴 변화에 적응하지 못함에 따라 매출이 감소한 상황에서, 감사의견 거절에 따른 재감사 대응 비용 및 전 경영진의 횡령배임 등 불법행위에 대한 형사 및 민사소송 관련 비용 등으로 22년 수익성이 악화되었으며, 판관비에서 차지하는 비중이 약 50% 이상인 판매수수료가 절대적으로 크지만, 매출액 대비 판매수수료 비중

을 보면 33.6%('20년) → 31.6%('21년) → 30.7%('22년)로 매년 감소 중이고 매출액 대비 약30% 이상 수준으로 유지되고 있는 바, 당사 영업손실 발생의 주된 원인은 아니며, 결국 재감사 및 전 경영진의 횡령배임 대응을 위한 회계 및 법무비용 등 경영정상화를 위한 비경상비용의 증가가 주된 원인으로 분석됩니다.

3) ㈜쌍방울은 2022년 당기순손실을 기록하여 이자보상비율이 비록 음(－)이지만 부채비율은 21%로 세 기업 중 제일 낮고 유동비율도 제일 높아 재무 상태가 안정적이다. 매출이 전년 대비 6.46% 성장하였고 영업이익이 났지만, 관계기업투자손실이 증가하여 당기순손실을 기록하였다. ㈜좋은사람들은 2022년 영업손실과 당기순손실이 발생하여 이자보상비율이 음이지만 부채비율이 38%로 낮고 유동비율도 3.37로 높아 재무 안정성이 양호하다. ㈜BYC는 2022년 부채비율이 30%이고 이자보상비율은 2022년 19.59로 이자지급 여력은 충분해 보인다. 또한 유동비율도 1.52이므로 유동성 문제는 없다고 판단된다.
4) 수익성은 ㈜BYC가 매출액영업이익률, 매출액세전순이익률, 매출액순이익률에서 압도적으로 높은 수준이다. ㈜쌍방울은 매출액 대비 매출원가 비중이 다른 두 기업보다 상대적으로 높아 수익성이 가장 낮다. 과거 2년 동안은 영업손실을 기록했으나 2022년도에는 영업이익을 달성했다. ㈜좋은사람들은 매출액 대비 매출원가의 비중은 현저히 낮으나 3년 동안 매출이 하락하고 있다.
5) 매출액 대비 수익성 분석과 유사하게 당기순이익을 기록한 ㈜BYC의 ROE와 ROA가 가장 높고, ㈜좋은사람들과 ㈜쌍방울의 경우 당기순손실로 인해서 음의 ROA와 ROE를 기록했다.

5.

A－⑤, B－③, C－②, D－①, E－④

A－카카오, 무형자산의 규모가 크고 재고자산이 적다. 매출원가가 없고 판관비가 매우 높다.

B－NI스틸, 유형자산의 규모가 크다. E도 유형자산이 크지만, E는 B보다 재고자산회전율이 빠르다.

C – 일동홀딩스, 개발비, 산업재산권, 소프트웨어, 회원권, 가입권, 영업권 등의 무형자산이 약 20%이다. 또한 연구개발비용이 매출의 10.84%를 차지한다.

D – KT, 재고자산이 거의 없다. 카카오도 재고자산비율이 낮지만, KT의 경우에는 무형자산보다는 유형자산(장비, 건물 등)의 비율이 크다. 매출원가가 없고 판관비가 매우 높다.

E – 마니커, 식품회사의 특성상 재고자산회전율이 빠르다. 또한 매출총이익률도 낮다(매출원가가 매우 높다).

6.

기업 A – 한샘(한국표준산업분류10차(소분류)-생활용품 도매업), 1973년에 설립하여 2002년에 유가증권시장에 상장하였다. 20×1년과 20×2년에 영업활동 현금흐름이 안정적이고 여전히 증가하고 있다. 투자활동 현금흐름은 유입액이 유출액보다 크다. 이는 유형자산의 처분으로 인한 수익이 크기 때문이다. 장단기부채가 감소하고 배당금 지급으로 재무활동 현금흐름은 유입보다 유출이 크다. 기업A는 상장한지 약 18년이 된 성숙기에 접어든 기업으로서 영업활동이 안정적이며, 투자활동은 소액의 유출이 발생하고, 조달하였던 자금을 상환하고, 이익을 주주에게 배당으로 지급한다.

기업 B – 아이엠텍(한국표준산업분류10차(소분류) – 전자제품 제조업), 2000년에 설립하여 2016년에 코스닥에 상장하였다. 기업 B는 상장된 지 약 4년이 된 성장단계에 있는 기업으로서 아직은 당기순손실이 발생하고 영업활동 현금흐름이 마이너스이다. 발전단계에 있는 기업이므로 유형자산(설비 등)에 활발하게 투자하고 있으므로 투자활동 현금흐름은 유입보다는 유출이 크다. 재무활동에서는 성장단계에 있는 기업이 자금을 필요로 하므로 장단기부채가 증가하고 있으며, 아직 배당의 지급은 없다.

기업 C – 오스템임플란트(한국표준산업분류10차(소분류)-의료용기기 제조업), 1997년에 설립하여 2007년에 코스닥에 상장하였다. 기업 C는 상장한지 13년이 된 기업으로서 기업 B와 마찬가지로 아직은 성장하고 있는 기업이다. 그러나 기업 B와 달리 기업 C는 당기순이익이 발생하여 영업활동 현금흐름이 양수이다. 투자활동을 보면 대부분의 성장단계의 기업이 그렇듯이 많은 금액을 유형자산 취득에 활발하게 투자하고 있다. 재무활동에서도 장단기금융부채가 증가하였다.

제 7 장

유동자산

O×퀴즈

1. × 만기 1년 이내가 아니고 3개월 이내이다.
2. × 당좌차월 계약이 있으면 미리 정한 한도까지는 지급한다.
3. ○
4. × 미수금이 아니고 매출채권이고, 미수수익이 아니고 미수금이다.
5. × 미수금은 금융자산, 선급금은 비금융자산이다.
6. ○
7. ○
8. ○
9. × 실지재고조사법은 가중평균법 중에서 총평균법만 가능하고, 계속기록법은 총평균법과 이동평균법이 모두 가능하다.
10. × 재고자산평가손실이 아니고 재고자산감모손실이다.
11. × 재고자산감모손실의 경우 재고자산을 직접 줄인다. 재고자산평가충당금은 재고자산평가손실을 위한 자산차감계정이다.
12. ○ 매입단가 하락 시 기말 재고자산은 총평균법 > 이동평균법 > 선입선출법
13. × 미수금과 대여금도 대손충당금을 설정한다.
14. ○
15. ○

제7장 객관식 문제

1. 정답 ④

우편환, 자기앞수표, 타인발행수표는 모두 현금에 해당한다. 당좌개설보증금은 인출이 제한된 예금으로 장기금융상품으로 인식하고, 현금성자산은 취득 당시 만기가 3개월 이내이므로 취득 당시 만기가 120일인 양도성예금증서는 단기금융상품으로 인식한다.

2. 정답 ②

기업 측 잔액	160,000	은행 측 잔액	?
가 산:		가 산:	
미통지입금	20,000	은행미기록입금	20,000
차 감:		차 감:	
부도수표 은행수수료	(30,000) (40,000)	기발행미인출수표	(10,000)
수정 후 기업 측 잔액	110,000	수정 후 은행측 잔액	110,000[1]

1) 수정 후 기업 측 잔액이 ₩110,000이므로 수정 후 은행 측 잔액도 ₩110,000
   은행 측 잔액 + 20,000 − 10,000 = 110,000이므로,
   은행 측 잔액 = 100,000

3. 정답 ③

상 품

기 초	250,000	매출원가	960,000
당기 매입	1,300,000	재고자산감모손실	?
기 말	150,000		

매출원가 = 매출액 × (1 − 매출총이익률) = 1,200,000 × 0.8 = 960,000

기초 상품액 + 당기 매입 − 매출원가 − 재고자산감모손실 = 기말 상품액

1,550,000 − 960,000 − 재고자산감모손실 = 150,000

따라서 재고자산감모손실 = 440,000

4. 정답 ④

- 판매가능 재고자산 수량: 20 + 30 + 20 = 70개
- 매출수량: 25 + 25 = 50개
- 선입선출법의 매출원가 = (기초재고 20개 × ₩150) + (5/1 매입 30개 × ₩200)
  = ₩9,000
- 기말재고자산 수량 = (9/1 매입 20개 × ₩180) = ₩3,600
- 매출액 = (7/1 매출 25개 × ₩300) + (11/1 매출 25개 × ₩320) = ₩15.500
- 매출총이익 = 15.500 − 9,000 = ₩6,500

5. 정답 ①

매출채권

기 초	500,000	현금 회수	600,000
당기 매출	800,000	대손 확정	?
기 말	450,000		

500,000 + 800,000 − 600,000 − 대손확정 = 450,000

따라서 대손확정액은 250,000

손실(대손)충당금

		기 초	50,000
대손 확정	250,000	대손상각비	?
		기 말	50,000

50,000 + 대손상각비 − 250,000 = 50,000

따라서 대손상각비 = 250,000

6. 정답 ③

- 20×1년 중 매출채권 ₩60,000의 대손 확정의 분개:

  차) 손실(대손)충당금 60,000 대) 매출채권 60,000

• 대손추정에 관한 기말 수정분개:

차) 손상차손(대손상각비) ××× 대) 손실충당금 ×××

• 한편, 20×1년 말 추정기대신용손실액은 20×1년 말 손실충당금의 기말 잔액이 됨.

손실(대손)충당금

		기초 잔액	30,000
대손 확정	60,000	손상차손(대손상각비)	×××
		기말 잔액	20,000

따라서 30,000 + 손상차손(대손상각비) − 60,000 = 20,000

손상차손 = 50,000

제7장 주관식 문제

1.

1) 현금 = 당좌예금 + 은행 자기앞수표 + 타 기업 발행 당좌수표 + 현금 시재액

= 953,200 + 1,100,000 + 500,000 + 5,342,000 = 7,895,200원

2) 현금성자산 = 양도성예금증서(만기 3개월) + MMF = 3,000,000 + 2,500,000

= 5,500,000원

2. 날짜별 분개

날 짜	차 변		대 변	
1월 2일	당좌예금	10,000,000	현 금	10,000,000
2월 1일	당좌예금	5,000,000	용역수익	5,000,000
2월 10일	비 품	20,000,000	당좌예금	15,000,000
			당좌차월	5,000,000
2월 15일	당좌차월	5,000,000	현 금	10,000,000
	당좌예금	5,000,000		

3.

은행계정조정표

20×1년 3월 31일 현재

기업 측 잔액	400,000	은행 측 잔액	920,000
가산: 미통지입금	500,000	가산: 은행미기록예금	100,000
차감: 이자비용 및 은행수수료	(30,000)	차감: 미인출수표	(150,000)
수정 후 기업 측 잔액	870,000	수정 후 은행 측 잔액	870,000

㈜서해공업의 분개

날 짜	차 변		대 변	
3월 31일	이자비용	10,000	당좌예금	30,000
	지급수수료	20,000		
3월 31일	당좌예금	500,000	매출채권	500,000

4.

은행계정조정표

20×1년 12월 31일 현재

기업 측 잔액	11,183,200	은행 측 잔액	22,900,700
가산: 오류수정	499,500*	가산: 은행미기록예금	1,450,000
가산: 미통지입금	1,370,000	차감: 미인출수표	(18,798,000)
차감: 부도수표	(7,500,000)		
수정 후 기업 측 잔액	5,552,700	수정 후 은행 측 잔액	5,552,700

* 당좌수표가 499,500원(= 10,600,000 − 10,100,600) 더 차감되었으므로 이를 수정하기 위해 그만큼 기업 측 잔액에 가산한다.

㈜전남실업의 분개

날 짜	차 변		대 변	
12월 31일	당좌예금	499,500	매입채무	499,500
12월 31일	당좌예금	1,370,000	매출채권	1,370,000
12월 31일	부도수표*	7,500,000	당좌예금	7,500,000

* 부도수표는 자산계정으로 추후 현금이 회수되면 (차) 현금 ○○○ (대) 부도수표 ○○○로 분개하고, 만약, 대손확정된다면 (차) 대손충당금 ○○○ (대) 부도수표 ○○○로 분개한다.

5. 날짜별 분개

날 짜	차 변		대 변	
1월 2일	소액현금	500,000	현 금	500,000
1월 15일	분개 없음			
1월 20일	분개 없음			
1월 31일	접대비 출장비	150,000 100,000	현 금	250,000

6.

1) 아래 연령분석표의 기대신용손실의 합계 = 1,134,000원

경과기간	매출채권 장부금액	추정 채무불이행률(%)	기대신용손실
만기 도래 이전	72,000,000원	0.2	144,000원
1~30일 연체	15,000,000원	1	150,000원
31~90일 연체	8,000,000원	3	240,000원
91~180일 연체	4,000,000원	5	200,000원
180일 초과 연체	1,000,000원	40	400,000원
합 계	100,000,000원		**1,134,000원**

2)

날 짜	차 변		대 변	
12월 31일	대손상각비	134,000*	대손충당금	134,000

* 134,000 = 총기대신용손실 – 대손충당금 대변 잔액 = 1,134,000 – 1,000,000

3)

날 짜	차 변		대 변	
12월 31일	대손충당금	66,000*	대손충당금환입	66,000

* 총기대신용손실(1,134,000)이 대손충당금 대변 잔액(1,200,000)보다 작으므로 대손충당금을 그 차액 66,000원만큼 줄인다.

4)

날 짜	차 변		대 변	
1월 15일	대손충당금	600,000	매출채권	600,000

7.

1) 총기대신용손실은 480,000원

경과기간	매출채권 장부금액	추정 채무불이행률(%)	기대신용손실
만기 도래 이전	5,000,000원	0.2	10,000원
1~30일 연체	1,500,000원	1	15,000원
31~60일 연체	1,500,000원	7	100,000원
61~90일 연체	1,000,000원	10	105,000원
90일 초과 연체	1,000,000원	25	250,000원
합 계	100,000,000원		480,000원

2)

날 짜	차 변		대 변	
12월 31일	대손상각비	345,000*	대손충당금	345,000

* 345,000 = 480,000 − 135,000

3)

날 짜	차 변		대 변	
1월 10일	대손충당금	150,000	매출채권	150,000

4)

날 짜	차 변		대 변	
1월 15일 (대손확정)	대손충당금	800,000	매출채권	800,000
1월 31일	대손상각비	870,000*	대손충당금	870,000

* 대손추정 전 대손충당금의 잔액은 차변 320,000원(=480,000 − 800,000)이므로 1월 말 대손충당금 최종 잔액을 대변 550,000원(총기대신용손실)으로 맞추기 위해서는 대변에 870,000원(=550,000 + 320,000)이 필요하다.

대손충당금

		20×1/12/1	135,000
		20×1/12/31	345,000
		20×1/12/31 잔액	480,000
20×2/1/15	800,000	20×2/1/31	870,000
		20×2/1/31 잔액	550,000

5)

날 짜	차 변		대 변	
1월 31일	대손충당금	30,000*	대손충당금환입	30,000

* 총기대신용손실(450,000)이 대손충당금 대변 잔액(480,000)보다 작으므로 대손충당금을 그 차액 30,000원만큼 줄인다. 대손충당금환입은 손익계산서의 기타(영업외)수익에 포함된다.

8.

현금 및 현금성자산, 단기대여금, 미수수익, 미수금, 매출채권, 보증금
(매출채권, 미수금, 미수수익, 단기대여금, 보증금은 모두 미래에 현금을 수취할 계약상 권리이므로 금융자산임. 선급보험료와 선급금은 모두 미래에 현금을 수취하는 것이 아니고, 상품은 계약상의 권리가 아님.)

9.

1)

매출원가 = $\underbrace{(20개\times15{,}000원)}_{6월\ 3일\ 판매분} + \underbrace{(10개\times15{,}000원) + (75개\times14{,}500원)}_{6월\ 11일\ 판매분}$

$+ \underbrace{(25개\times14{,}500원) + (100개\times14{,}000원)}_{6월\ 30일\ 판매분}$

= 3,300,000원

기말상품액: 40개 × 14,000원 = 560,000원

2)

가중평균단가: 3,860,000원 ÷ 270개 = 14,296.3원

매출원가: 230개×14,296.3원 = 3,288,149원

기말상품액: 40개×14,296.3원 = 571,852원

3)

6월 3일 매출원가: 20개 × 15,000원 = 300,000원

6월 4일 매입 후 이동평균단가: [(10개 × 15,000원) + (100개 × 14,500원)] ÷ 110개
= 14,545.45원

6월 11일 매출원가: 85개 × 14,545.45원 = 1,236,363원

6월 12일 매입후 이동평균단가: [(25개 × 14,545.45원+(140개 × 14,000원)) ÷ 165개

= 14,082.64원

6월 30일 매출원가: 125개 × 14,082.64개 = 1,760,330원

총매출원가: 300,000원 + 1,236,363원 + 1,760,330원 = 3,296,693원

기말상품액: 40개 × 14,082.64원 = 563,306원

10.

기초상품수량 + 당기 매입수량 = 100개 + (300 + 400 + 200)개 = 1,000개

기초상품 + 당기 매입액 = 10,000원 + 36,000원 + 52,000 + 24,000 = 122,000원

1) 선입선출법

총 600개가 판매되었으므로

매출원가 = (100개 × 100원) + (300개 × 120원) + (200개 × 130원) = 72,000원

기말상품액 = (200개 × 120원) + (200개 × 130원) = 50,000원

또는 기말상품 수량이 400개이므로 기말상품 = (200개 × 120원) + (200개 × 130원)

= 50,000원

따라서 매출원가 = 122,000원 − 50,000원 = 72,000원

2) 총평균법

가중평균단가 = 122,000원 ÷ 1,000개 = 122원

매출원가 = (600개 × 122원) = 73,200원

기말상품액 = (400개 × 122원) = 48,800원

3) 이동평균법

3.7 가중평균단가: (10,000 + 36,000) ÷ 400개 = 115원

3.11 매출원가 = 300개 × 115원 = 34,500원

3.14 가중평균단가: (11,500 + 52,000) ÷ 500개 =127원

3.27 매출원가 = 300개 × 127원 = 38,100원

3.30 가중평균단가: (25,400 + 24,000) ÷ 400개 = 123.5원

3월 기말상품액 = 400개 × 123.5원 = 49,400원

3월 매출원가 = 34,500 + 38,100 = 72,600원

11.

1)

매출원가: (50개×200원) + (50개×200원) + (50개×240원) + (150개×240원) + (50개×290원)

3월 5일 판매분 / 3월 20일 판매분 / 3월 29일 판매분

= 82,500원

기말상품액: 50개 × 290원 = 14,500원

2)

가중평균단가: [(100개×200원) + (200개 × 240원) + (100개 × 290원)] ÷ 400개 = 242.5원

매출원가: 350개 × 242.5원 = 84,875원

기말상품액: 50개 × 242.5원 = 12,125원

3)

3월 5일 매출원가: 50개 × 200원 = 10,000원

3월 12일 매입 후 이동평균단가: [(50개×200원) + (200개 × 240원)] ÷ 250개 = 232원

3월 20일 매출원가: 100개 × 232원 = 23,200원

3월 27일 매입 후 이동평균단가: [(150개×232원) + (100개×290원)] ÷ 250개 = 255.2원

3월 29일 매출원가: 255.2원 × 200개 = 51,040원

3월 매출원가: 10,000원 + 23,200원 + 51,040원 = 84,240원

기말상품액: 50개 × 255.2원 = 12,760원

12.

1)

재고자산감모손실 인식 전 기말상품액: 50개 × 255.2원 = 12,760원

재고자산 감모액: 10개(감모수량) × 255.2원 = 2,552원

날 짜	차 변		대 변	
3월 31일	재고자산감모손실	2,552	상 품	2,552

2)

재고자산평가손실 인식 전 기말상품액: 50개 × 290원 = 14,500원

순매각금액을 고려한 기말상품액: 50개 × 280원 = 14,000원

재고자산평가손실 = 14,500원 − 14,000원 = 500원

날 짜	차 변		대 변	
3월 31일	재고자산평가손실	500	재고자산평가충당금	500

13.

1) 재고자산감모손실 = (200개 − 180개) × 1,100원 = 22,000원

날 짜	차 변		대 변	
기 말	재고자산감모손실	22,000	상 품	22,000

2) 재고자산평가손실 = 180개 × (1,100 − 1,000) = 18,000원

날 짜	차 변		대 변	
3월 31일	재고자산평가손실	18,000	재고자산평가충당금	18,000

14.

1) 유동자산 = 매출채권 − 대손충당금 + 미수금 + 미수수익 + 재고자산 + 선급금 + 선급비용 + 현금 및 현금성자산 + 대여금 + 단기금융상품
= 1,066,500백만원

2) 미수금

3) 미수수익

4) 선급금

5) 선급비용

6) 현금 및 현금성자산

7) 단기금융상품

8) 대손충당금 4,500백만원

9) 매출채권, 매출채권-대손충당금, 미수금, 미수수익, 현금및현금성자산, 대여금, 단기금융상품 (재고자산은 현금을 수취할 계약상 권리가 아니고, 선급금과 선급비용은 미래 현금을 수취하는 것이 아님.)

제7장 실제 기업 사례 문제

1.

1) ㈜동원F&B의 예금 가운데 사용에 제한이 있는 예금으로는 2022년 기준으로 단기금융예치금 1,000,000천원과 장기금융예치금 5,000천원이 있다.
2) 매출채권및기타채권에서 기타채권은 미수금, 미수수익, 금융리스채권으로 구성된다.
3) ㈜동원F&B의 매출채권및기타채권 총액(유동)은 213,066,238천원이며 대손충당금은 1,197,148천원이다. 매출채권및기타채권 총액 대비 대손충당금의 비율은 약 0.56%이다.
4) 재고자산은 제품및상품, 재공품, 원부재료, 저장품, 부산물과 미착품을 포함하고 있다.
5) 재고자산 총액은 354,719,003천원이며 평가손실충당금은 1,701,104천원이다. 재고자산평가손실충당금이 재고자산 총액에서 차지하는 비율은 약 0.48%이다.
6) ㈜동원F&B는 제품및상품, 재공품, 부산물은 총평균법, 원부재료와 저장품은 이동평균법, 미착품은 개별법을 적용하고 있다.
7) 기타유동자산은 선급금, 선급비용 및 반품제품회수권으로 구성되어 있다.

2.

1) 현금및현금성자산은 현금, 보통예금 등, 외화예금으로 구성되어 있다.
2) 매출채권 및 수취채권은 매출채권, 미수금, 미수수익, 보증금 및 대여금으로 구성된다. 매출채권 총액은 46,167,771천원, 손실충당금은 748,377천원이다.
3) 단기금융상품은 단기금융자산 항목에 포함되어 있다.
4) 기타유동자산에 포함되는 항목은 선급금, 선급비용, 선급부가세이다.
5) 재고자산은 상품, 저장품과 미착품으로 구성되어 있다.
6) 재고자산의 입출흐름에 대한 가정으로 상품과 저장품은 이동평균법, 미착품은 개별법을 사용하고 있다.

제8장

비유동자산

○×퀴즈

1. × 감가상각금액이 점차 감소한다.
2. × 토지와 건설중인자산은 감가상각을 실시하지 않는다.
3. ○
4. × 회수가능액은 순공정가치와 사용가치 중 큰 금액이다.
5. ○
6. ○
7. × 무형자산의 경제적 효익이 소비되는 형태를 신뢰성 있게 결정할 수 없으면 정액법을 사용한다.
8. ○
9. × 취득 목적이 임대 또는 투자차익이면 투자부동산으로 분류된다.
10. × 50%가 아니고 20%~50%이다.
11. × 채무증권도 기타포괄손익-공정가치 측정 금융자산으로 분류할 수 있다.
12. ○
13. × 중대한 영향력이 없고, 단기매매목적이 아닌 경우라도 기타포괄손익-공정가치 측정 금융자산으로의 분류 선택을 하지 않으면 당기손익-공정가치 측정 금융자산으로 분류한다.
14. × 상각후원가 측정 금융자산으로 분류한다.
15. × 채무증권은 가능하지만 지분증권인 경우가 불가능하다.

제8장 객관식 문제

1. 정답 ①

①에서 감가상각대상금액은 110원이 아니고 100원이다. 감가상각대상금액 = 취득원가 − 잔존가치 = 110 − 10 = 100

2. 정답 ②

20×1년: (1,200,000 − 200,000) × [4/(1+2+3+4)] × (6/12) = 200,000

20×2년: {(1,200,000 − 200,000) × [4/(1+2+3+4)] × (6/12)} + {(1,200,000 − 200,000) × [3/(1+2+3+4)] × (6/12)} = 200,000 + 150,000 = 350,000

20×3년: {(1,200,000 − 200,000) × [3/(1+2+3+4)] × (6/12)} + {(1,200,000 − 200,000) × [2/(1+2+3+4)] × (6/12)} = 150,000 + 100,000 = 250,000

20×4년: {(1,200,000 − 200,000) × [2/(1+2+3+4)] × (6/12)} + {(1,200,000 − 200,000) × [1/(1+2+3+4)] × (6/12)} = 100,000 + 50,000 = 150,000

3. 정답 ④

④ 연구(또는 내부 프로젝트의 연구단계)에 대한 지출은 모두 당기 비용(연구비)로 처리한다.

4. 정답 ②

20×1년 감가상각비 = 36,000 ÷ 3 × (6/12) = 6,000

20×1년 말 장부금액 = 36,000 − 6,000 = 30,000

20×1년 말 회수가능액 = MAX(25,000, 24,000) = 25,000

20×1년 말 손상차손 = 30,000 − 25,000 = 5,000

20×1년 말 손상차손 후 장부금액 = 30,000 − 5,000 = 25,000

20×2년 감가상각비 = 25,000 ÷ 2.5 = 10,000

20×2년 말 장부금액 = 25,000 − 10,000 = 15,000

20×2년 말 회수가능액 = MAX(17,000, 19,000) = 19,000

손상차손이 없을 경우 20×2년 말 장부금액 = 36,000 − (6,000 + 12,000) = 18,000

20×2년 말 손상차손 환입 = MIN(회수가능액, 손상차손이 없을 경우 장부금액) – 현재 장부금액 = MIN(19,000, 18,000) – 15,000 = 3,000

5. 정답 ③

영업권 = 75% 이전대가 – 75% 순자산 공정가치,

₩500 = ₩2,000 – 75% 순자산 공정가치

75% 순자산 공정가치가 ₩1,500이므로 순자산 공정가치 = ₩1,500 / 0.75 = ₩2,000

한편, 순자산 공정가치 = 자산 공정가치 – 부채 공정가치,

₩2,000 = ? – ₩2.500

따라서 자산 공정가치 = ₩4,500

제8장 주관식 문제

1.

1) 연도별 감가상각비 = (취득원가 – 잔존가치) ÷ 내용연수

= (10,000,000 – 700,000) ÷ 3 = 3,100,000

따라서 매년 3,100,000원씩 감가상각을 실시한다.

2) 감가상각비 : 기초장부금액 × 상각률(0.55)

	기초장부금액	감가상각비	감가상각누계액	기말장부금액
20×1년도	10,000,000	5,500,000	5,500,000	4,500,000
20×2년도	4,500,000	2,475,000	7,975,000	2,025,000
20×3년도	2,025,000	1,325,000*	9,300,000	700,000

* 1,325,000 = 2,025,000(기초장부금액) – 700,000(잔존가치)

3)

20×1년도 감가상각률: 3 ÷ (1 + 2 + 3) = 1/2

20×2년도 감가상각률: 2 ÷ (1 + 2 + 3) = 1/3

20×3년도 감가상각률: 1 ÷ (1 + 2 + 3) = 1/6

20×1년도 감가상각비: 9,300,000 × 1/2 = 4,650,000원

20×2년도 감가상각비: 9,300,000 × 1/3 = 3,100,000원

20×3년도 감가상각비: 9,300,000 × 1/6 = 1,550,000원

4)

감가상각비: (취득원가 − 잔존가치) × 감가상각률(= 해당 연도의 생산량 ÷ 총 추정 생산량)

20×1년도 감가상각비: 9,300,000 × 100/1,000 = 930,000원

20×2년도 감가상각비: 9,300,000 × 200/1,000 = 1,860,000원

20×3년도 감가상각비: 9,300,000 × 700/1,000 = 6,510,000원

2.

1) 기계1

① 정액법: 연간 감가상각비 = (20,000,000 − 1,000,000) ÷ 4년 = 4,750,000

20×1년(10월~12월) 감가상각비 = (4,750,000 ÷ 12) × 3개월 = 1,187,500

20×2년 감가상각비 = 4,750,000

20×3년 감가상각비 = 4,750,000

20×4년 감가상각비 = 4,750,000

20×5년(1월~9월) 감가상각비 = (4,750,000 ÷ 12) × 9개월 = 3,562,500

② 정률법

	기초 장부가	감가상각률	감가상각비	기말 장부가
20×1년	20,000,000	0.527	2,635,000[1)]	17,365,000[2)]
20×2년	17,365,000[3)]	0.527	9,151,355[4)]	8,213,645[5)]
20×3년	8,213,645	0.527	4,328,591	3,885,054
20×4년	3,885,054	0.527	2,047,424	1,837,631
20×5년	2,116,476	0.527	1,116,476[6)]	1,000,000[7)]

1) 2,635,000 = 20,000,000 × 0.527 × (3/12)
2) 17,365,000 = 20,000,000 − 2,635,000
3) 20×2년 기초 장부가 = 20×1년 기말 장부가
4) 9,151,355 = 17,365,000 × 0.527
5) 8,213,645 = 17,365,000 − 9,151,355
6) 역순으로 7)을 먼저 계산하고 6)을 산출, 1,116,476 = 2,116,476 − 1,000,000
7) 1,000,000 = 20,000,000 × 0.05

2) 기계2

① 정액법: 연간 감가상각비 = (80,000,000원 − 8,000,000원) ÷ 5 = 14,400,000원

20×1년(10월~12월) 감가상각비 = (14,400,000 ÷ 12) × 3개월 = 3,600,000

20×2년 감가상각비 = 14,400,000

20×3년 감가상각비 = 14,400,000

20×4년 감가상각비 = 14,400,000

20×5년 감가상각비 = 14,400,000

20×6년(1월~9월) 감가상각비 = (14,400,000 ÷ 12) × 9개월 = 10,800,000

② 정률법

	기초 장부가	감가상각률	감가상각비	기말 장부가
20×1년	80,000,000	0.369	7,380,000[1)]	72,620,000[2)]
20×2년	72,620,000[3)]	0.369	26,796,780[4)]	45,823,220[5)]
20×3년	45,823,220	0.369	16,908,768	28,914,452
20×4년	28,914,452	0.369	10,669,433	18,245,019
20×5년	18,245,019	0.369	6,732,412	11,512,607
20×6년	11,512,607	0.369	3,512,607[6)]	8,000,000[7)]

1) 7,380,000 = 80,000,000 × 0.369 × (3/12)
2) 72,620,000 = 80,000,000 − 7,380,000
3) 20×2년 기초 장부가 = 20×1년 기말 장부가
4) 26,796,780 = 72,620,000 × 0.369
5) 45,823,220 = 72,620,000 − 26,,796,780
6) 역순으로 7)을 먼저 계산하고 6)을 산출, 3,512,607 = 11,512,607 − 8,000,000
7) 8,000,000 = 80,000,000 × 0.1

3.

1)

날 짜	차 변		대 변	
20×1.1.2	기계장치	1,000,000	현 금	1,000,000

2) 처분시점 감가상각누계액 = [(1,000,000 − 100,000) ÷ 10년] × 3.5년 = 315,000

장부금액 = 취득원가 − 감가상각누계액 = 1,000,000 − 315,000 = 685,000

3) 유형자산처분이익(손실) = 처분대가 − 장부금액 = 700,000 − 685,000 = 15,000

날 짜	차 변		대 변	
20×4.6.30	현 금	700,000	기계장치	1,000,000
	기계장치감가상각누계액	315,000	유형자산처분이익	15,000

4.

날 짜	차 변		대 변	
20×1.1.2	기계장치	10,000,000	현 금	10,000,000
20×1.12.31	기계장치감가상각비	1,800,000[a]	기계장치감가상각누계액	1,800,000
	유형자산손상차손	3,200,000[b]	기계장치손상차손누계액	3,200,000
20×2.12.31	기계장치감가상각비	1,000,000[c]	기계장치감가상각누계액	1,000,000
	기계장치손상차손누계액	1,500,000[d]	유형자산손상차손환입	1,500,000

a. 1,800,000 = (10,000,000 − 1,000,000) ÷ 5. 회계연도 초부터 월말 수정분개는 하지 않았다고 가정.

b. 3,200,000 = (장부가 − max(순공정가치, 사용가치)) = (8,200,000 − 5,000,000)

c. 1,000,000 = (2022년 초 기계장치 장부가 − 잔존가치) ÷ 남은 내용연수
= [(10,000,000 − 1,800,000 − 3,200,000) − 1,000,000] ÷ 4

d. 1,500,000 = (max(5,300,000, 5,500,000) − 4,000,000) 20×2년 말 손상검사 전의 장부가는 4,000,000원이고, 회수가능액이 5,500,000원으로 회복하였다. 20×2년 말의 손상차손환입 한도는 손상차손의 발생을 고려하지 않은 20×2년 말의 장부금액인 6,400,000(= 10,000,000 − 1,800,000×2)원이다. 따라서 5,500,000원은 6,400,000원보다 작으므로 5,500,000원까지 손상차손환입이 가능하다.

5.

날 짜	차 변		대 변	
20×1.1.2	매출채권	90,000	매입채무	150,000
	차량운반구	400,000	차입금	50,000
	토 지	70,000	선수금	20,000
	건 물	450,000	현 금	900,000
	영업권	110,000*		

* 110,000 = 900,000 − 790,000(= 자산공정가치 − 부채공정가치)

6.

순자산 공정가치 = 자산의 공정가치 − 부채의 공정가치
= 28,700백만원 − 13,800백만원 = 14,900백만원.

㈜목포전자는 전체 주식의 100%를 취득하였으므로 영업권은 이전대가인 17,730백만원에서 14,900백만원을 차감한 2,830백만원이다.

7.

무형자산의 경제적 효익이 소비되는 형태를 신뢰성 있게 결정할 수 없는 경우 정액법을 사용한다.

연도별 특허권 상각비 = (취득원가 − 잔존가치) ÷ 내용연수

= (20,000,000 − 0) ÷ 20 = 1,000,000

날 짜	차 변		대 변	
20×1.12.31*	특허권상각비	1,000,000	특허권상각누계액	1,000,000
20×2.12.31*	특허권상각비	1,000,000	특허권상각누계액	1,000,000

* 회계연도 초부터 월말 결산수정분개를 하지 않았다고 가정.

8.

1) ① 주식 보유 목적이 단기매매목적인 경우

날 짜	차 변		대 변	
20×1.12.10	FVPL금융자산	50,000	현 금	50,000
20×1.12.31	FVPL금융자산	1,000	금융자산평가이익-PL*	1,000

* 손익계산서의 기타수익(또는 영업외수익)에 포함됨.

② 단기매매 목적이 아니면서 기타포괄손익 선택권을 택한 경우

날 짜	차 변		대 변	
20×1.12.10	FVOCI금융자산	50,000	현 금	50,000
20×1.12.31	FVOCI금융자산	1,000	금융자산평가이익-OCI*	1,000

* 포괄손익계산서의 기타포괄손익에 포함됨. 금융자산평가이익-OCI 1,000원은 마감분개를 통해 기타포괄손익누계액을 1,000원 증가시킴.

2) ① 주식 보유 목적이 단기매매목적인 경우

날 짜	차 변		대 변	
20×2.12.31	금융자산평가손실-PL*	3,000	FVPL금융자산	3,000

* 손익계산서의 기타비용(또는 영업외비용)에 포함됨.

② 단기매매 목적이 아니면서 기타포괄손익 선택권을 택한 경우

날 짜	차 변		대 변	
20×2.12.31	금융자산평가손실-OCI*	3,000	FVOCI금융자산	3,000

* 포괄손익계산서의 기타포괄손익에 포함됨. 금융자산평가손실-OCI 3,000원(= 51,000 − 48,000)은 마감분개를 통해 기타포괄손익누계액을 3,000원 감소시킴.

9.

	정 답	이 유
1	FVPL금융자산	제7장 <그림 7.2>와 같이 보유 지분증권(주식)의 경우 피투자기업에 대한 중대한 영향력 행사 가능 여부, 단기매매 목적 여부, 기타포괄손익 선택권 여부에 따라 분류
2	관계기업투자	
3	FVOCI금융자산	
4	FVPL금융자산	
5	AC금융자산	제7장 <그림 7.3>과 같이 채무증권의 경우 보유 목적에 따라 분류
6	FVPL금융자산	
7	FVOCI금융자산	

10. (단위: 천원)

1) 34,220,000 = 토지(공장부지) + 차량운반구 + 건설중인자산 + 구축물 + 건물(본사) + 비품
= 4,700,000 + 1,000,000 + 2,370,000 + 820,000 + 25,000,000 + 330,000

2) 6,160,000 = 영업권 + 상표권 + 컴퓨터소프트웨어 + 특허권 + 개발비
= 5,100,000 + 750,000 + 50,000 + 70,000 + 190,000

3) 12,000,000 = 건물(임대용) + 토지(비업무용) = 8,500,000 + 3,500,000

4) 350,000 = 관계기업투자 (피투자기업에 중대한 영향력을 행사할 경우)

11.

유형자산의 취득원가는 경영자가 의도하는 방식으로 사용할 수 있게 되기까지 들어간 모든 원가를 포함한다.

토지 = 208,750,000원 (문제에 있는 모든 지출내역을 포함)

기계장치 37,950,000원 (문제에서 '설치 후 작동기간 보험료'는 기계장치의 취득원가에 포함하지 않고 해당 기간의 비용으로 처리)

제8장 실제 기업 사례 문제

1.

1) 동원F&B의 기타포괄손익-공정가치 측정 금융자산은 시장성 없는 지분증권으로 구성되어 있다.
2) 장기기타채권은 보증금과 금융리스채권으로 구성되어 있다.
3) 종속기업투자에 포함된 종속기업으로 ㈜동원홈푸드, DW Global Inc., Dongwon Japan Co., Ltd., 동원식품(상해)유한공사, ㈜동원팜스, 동원씨앤에스(주), 동원디어푸드(주)가 있다.
4) 동원F&B의 투자부동산으로는 토지, 건물, 구축물이 있다. 투자부동산으로부터 임대수익이 10,369,463천원 발생하였고, 이와 관련된 운영비용이 6,083,815천원 발생하였다.
5) 유형자산은 토지, 건물, 구축물, 기계장치, 차량운반구, 공기구비품과 건설중인자산으로 구성되어 있다. 토지와 건설중인자산을 제외한 유형자산은 정액법을 이용하여 감가상각을 실시하고 있으며, 자산별 내용연수는 건물은 2~60년, 구축물은 2~48년, 기계장치는 2~20년, 공기구비품은 1~10년, 차량운반구는 2~8년이다.
6) 동원F&B의 무형자산은 산업재산권, 시설이용권, 소프트웨어와 기타의무형자산으로 구성되어 있다. 비한정 내용연수를 가진 시설이용권을 제외한 무형자산은 정액법을 이용하여 상각을 실시하고 있으며, 자산별 내용연수는 산업재산권은 5~10년, 소프트웨어는 4년, 기타의무형자산은 2~5년이다.

2.

1) 장기금융자산은 상각후원가로 측정하는 금융자산, 기타포괄손익-공정가치 측정 금융자산, 당기손익-공정가치 측정 금융자산으로 구성되어 있다.
2) ㈜제주항공의 장기매출채권 및 수취채권으로는 미수금, 보증금과 대여금이 있으며 2022년 말을 기준으로 38,063,625천원이다.
3) 종속기업투자자산에 속하는 종속기업은 퍼시픽제3호전문사모부동산투자유한회사, ㈜모두락, ㈜제이에스에이이다.

4) ㈜제주항공의 유형자산은 항공기, 항공기엔진, 항공기재, 장비, 차량운반구, 공구와기구, 비품, 건설중인자산과 기타유형자산으로 구성되어 있다. 건설중인자산을 제외한 유형자산은 정액법을 이용하여 감가상각을 실시하고 있으며, 자산별 내용연수는 항공기는 20년, 항공기엔진은 20년, 항공기재는 20년, 장비는 15년, 차량운반구는 5년, 공구와기구는 5년, 비품은 5년, 기타의유형자산은 5년이다.
5) 무형자산은 상표권과 소프트웨어로 구성되어 있다. 비한정 내용연수를 적용하는 회원권을 제외한 무형자산은 정액법을 이용하여 상각을 실시하고 있으며, 자산별 내용연수는 상표권이 10년, 소프트웨어가 5년이다.
6) 2022년도 중 장부금액이 증가한 무형자산은 상표권이다.

제9장

유동부채

O×퀴즈

1. ○
2. × 미지급비용 계정이 아니고 외상매출금이다.
3. ○
4. × 선수금은 부채이다.
5. ○
6. × 예수금은 유동부채이다.
7. × 양수인에게 상환청구권이 없고 양도인에게 양도한 어음과 관련된 책임과 의무가 남아있지 않다면 매출채권을 제거한다.
8. ○
9. ○
10. × 융통어음은 단기차입금에 포함된다.
11. × 최초 발생 시 장기차입금으로 인식했으나 시간의 경과에 따라 재무제표 작성일을 기준으로 만기가 1년 이내로 도래하면 장기차입금을 유동성장기차입금으로 대체하고, 유동부채로 재분류한다.

제9장 객관식 문제

1. 정답 ③

급여의 현금 지급:

차) 급 여	1,000	대) 현 금	1,000

미지급급여

		기 초	200
		미지급 급여액	?
		기 말	700

결산 수정분개:

차) 급 여	500	대) 미지급급여	500

또는

급여의 현금 지급:

차) 급 여	800	대) 현 금	1,000
미지급급여	200		

미지급급여

		기 초	200
현금 지급	200	미지급 급여액	?
		기 말	700

결산 수정분개:

차) 급 여	700	대) 미지급급여	700

2. 정답 ③

20×3년 12월 31일 기준으로 20×5년 12월 31일에 상환하는 장기차입금 ₩40,000은 비유동부채, 나머지 3개는 모두 20×4년 12월 31일까지 상환해야 하므로 모두 유동부채로 분류된다.

3. 정답 ②

② 선수수익은 장래에 현금을 지급할 계약상 의무가 있는 것이 아니므로 비금융

부채이다.

4. 정답 ④

보고기간 후 12개월 이상 부채의 결제를 연기할 수 있는 무조건의 권리를 가지면 비유동부채에 해당한다.

5. 정답 ②

선수금은 미래에 현금을 지급하지 않으므로 비금융부채이고, 소득세예수금과 미지급법인세는 미래에 현금을 지급하지만 계약상 의무가 아니므로 비금융부채에 해당한다.

제9장 주관식 문제

1.

자 산	부 채
매출채권-외상매출금	매입채무-외상매입금
매출채권-받을어음	매입채무-지급어음
미수금	미지급금
미수수익	미지급비용
선급금	선수금
선급비용	선수수익
부가세대급금	부가세예수금

2.

용 어	설 명
배서	타인이 발행한 약속어음을 수취한 후 만기 전에 약속어음의 뒷면에 이름과 서명을 기재함으로써 약속어음을 타인에게 양도하는 것
전자어음	약속어음의 실물 없이 인터넷뱅킹을 통해서 발행, 수취, 배서, 지급 등이 이루어지는 어음
추심	은행이 어음 소지인의 의뢰를 받아 어음 지급인(발행인)에게 제시하여 대금을 받아주는 것

진성어음	재화나 용역을 외상으로 구입할 때 발행하는 약속어음
융통어음	오로지 자금을 조달할 목적으로 금융기관에 발행하는 약속어음
어음할인	어음의 만기일 전에 금융기관에게 양도하고 수수료를 차감한 금액을 현금으로 수령하는 것

3.

날 짜	차 변		대 변	
20×1.4.1	현 금	5,000,000	선수임대수익	5,000,000
20×1.4.30	선수임대수익	2,500,000	임대수익	2,500,000
20×1.5.31	선수임대수익	2,500,000	임대수익	2,500,000

4.

날 짜	차 변		대 변	
20×1.12.31	급 여	55,000,000	현 금	50,000,000
			소득세예수금	5,000,000
20×2.1.10	소득세예수금	5,000,000	현 금	5,000,000

5.

① 상환청구권이 존재하는 경우

날 짜	차 변		대 변	
20×1.7.1	받을어음	1,000,000	매 출	1,000,000
20×1.8.1	현 금	970,000	단기차입금	1,000,000
	이자비용	30,000		
20×1.10.1	단기차입금	1,000,000	받을어음	1,000,000

② 상환청구권이 존재하지 않고 양도인에게 책임과 의무가 남아있지 않은 경우

날 짜	차 변		대 변	
20×1.7.1	받을어음	1,000,000	매 출	1,000,000
20×1.8.1	현 금	970,000	받을어음	1,000,000
	매출채권처분손실	30,000		
20×1.10.1	분개 없음			

6.

23,000,000원 (은행 단기차입금) + 4,500,000원 (상환청구권이 있는 어음할인) + 2,500,000 (당좌차월) = 30,000,000원

* 상환청구권이 없고 양도인에게 관련 책임과 의무가 없는 조건으로 양도하면 단기차입금 증가 없이 외상매출금을 제거한다.

7.

1) 미지급금
2) 선수수익
3) 예수보증금
4) 부가세예수금
5) 당기법인세부채
6) 미지급비용
7) 선수금
8) 유동성장기차입금

제9장 실제 기업 사례 문제

1.

1) 동원F&B의 매입채무및기타채무로는 매입채무, 미지급금, 미지급비용, 예수금, 수입보증금, 기타금융부채와 리스부채가 있다. 이 가운데 리스부채가 전년 대비 95,051천원 감소한 것을 제외하면 그 외 다른 항목들은 모두 전기보다 증가하였다.
2) 최초 만기가 1년을 초과하는 사채를 보유하던 기업이 시간이 경과함에 따라 재무제표작성일 기준으로 1년 이내에 만기가 도래하는 시점이 되는 경우에는 최초 비유동부채인 사채로 분류되었던 금액을 유동부채로 구분하게 되는데 이러한 경우 유동성사채로 표기한다.
3) 당기법인세부채와 미지급법인세는 동일한 것으로 기업이 회계기간 말 현재 미래 납부해야 할 법인세액을 부채로 인식한 것을 의미한다.

4) 기타유동부채는 선수금, 선수수익, 이연수익과 환불부채가 있다. 이 가운데 환불부채가 전년 대비 증가하였지만 선수금이 상대적으로 큰 폭으로 감소함에 따라 기타유동부채 총액이 전기보다 감소하였다.
5) ㈜동원F&B는 과거의 반품자료에 기초한 향후의 반품 예상액을 합리적으로 추정하여 동 금액을 환불부채로 계상하고 있다.

2.

1) ㈜제주항공의 단기차입금은 한국산업은행과 한국수출입은행로부터 대출한 것으로 연이자율은 4.60~7.27%이다.
2) 리스부채는 항공기, 건물, 차량운반구를 장기간 리스하는 계약의 체결로 발생하였고, 재무상태표 작성일 현재 리스료 지급일이 1년 이내로 도래한 것이 유동성리스부채로 분류된다.
3) ㈜제주항공의 매입채무 및 기타채무는 매입채무, 미지급금과 미지급비용으로 구성되어 있다. 미지급금이 전년보다 상대적으로 크게 증가한 것이 증가의 주된 이유이다.
4) 법인세법에서는 사업연도 종료 후 당기의 법인세액을 확정하여 아직 납부되지 않은 법인세를 3개월 이내에 납부하도록 규정하고 있으므로 당기법인세부채는 유동부채이다.
5) 유동계약부채로는 선수금과 이연수익이 있다. 이연수익은 전년보다 감소하였지만 선수금이 전년보다 상대적으로 크게 증가하였기 때문에 유동계약부채는 증가하였다.

제10장

비유동부채

○×퀴즈

1. ○
2. × 유동성장기차입금(또는 유동성장기부채)으로 변경한다.
3. × 향후 수리서비스를 제공한 시점이 아니라 수익과 비용의 대응원칙에 따라 매출이 발생한 기간에 추정수리비용을 판매보증비로 인식하고, 제품보증충당부채를 인식한다.
4. ○
5. × 비용으로 처리하지 않고 사채발행금액에서 차감한다.
6. ○
7. × 이자비용은 (사채의 기초 장부금액×유효이자율)로 산출한다.
8. ○
9. ○
10. ○
11. × 우발부채는 부채로 인식하지 않으며, 자원 유출가능성이 희박하지 않으면 재무제표 주석에 공시한다.
12. ○
13. × 확정급여채무의 지급을 위해 사외에 적립한 자산을 차감한 금액, 즉 순확정급여부채로 표기한다.
14. × 현행 회계기준은 법인세비용을 당기법인세액이 아닌 회계이익을 기준으

로 추후에 지급할 법인세효과를 당기에 인식하는 방법을 사용한다.

15. ○

제10장 객관식 문제

1. 정답 ②

할인발행이므로 만기까지의 총 이자비용은 현금 이자지급액과 사채할인발행차금의 합이 된다.

- 3년간 현금 이자지급액은 1,000,000 × 0.1 × 3년 = ₩300,000
- 사채할인발행차금은 1,000,000 − 951,980 = ₩48,020
- 3년간 총이자비용 = 300,000 + 48,020 = ₩348,020

2. 정답 ③

현재의무를 이행하기 위하여 필요한 지출 금액에 영향을 미치는 미래 사건이 일어날 것이라는 충분하고 객관적인 증거가 있는 경우에는 그 미래 사건을 고려하여 충당부채 금액을 추정한다.

3. 정답 ③

할인발행이므로 만기까지 인식해야 할 이자비용의 총액은 3년간 현금 이자지급액 ₩240,000(= 1,000,000×0.08×3년)과 사채할인발행차금 ₩49,737(= 1,000,000 − 950,263)을 합한 ₩289,737이다.

4. 정답 ②

연도	기초 장부가	이자비용	액면이자 지급액	할인발행차금상각액	할인발행차금미상각액	기말 장부가
20×1년	95,200	11,400	10,000	1,400	3,400	96,600

5. 정답 ②

- 20×1년 제품보증충당부채 = 500대 × ₩50 = ₩25,000
- 20×1년 제품보증비 지출액 ₩10,000

• 따라서 20×1년 말 제품보증충당부채 잔액 = ₩25,000 − 10,000 = ₩15,000

6. 정답 ②

① 사채를 할인발행한 경우 만기로 갈수록 장부가가 증가하므로 이자비용은 매년 증가하고, 사채할인발행차금 상각액도 매년 증가한다.

③ K-IFRS는 사채할인(할증)발행차금을 정액법으로 상각하는 것을 허용하지 않는다.

④ 사채를 할인발행한 경우 이자비용은 매년 증가한다.

⑤ 사채를 할증발행한 경우 만기로 갈수록 장부가가 감소하므로 이자비용은 매년 감소한다.

제10장 주관식 문제

1.

1) 실제 조달한 자금 = 발행가액 − 사채발행비 = 5,000,000 − 500,000 = 4,500,000

2) x: 이자지급액 = 5,000,000 × 0.03 = 150,000

y: 발행가액 = 5,000,000 − 500,000 = 4,500,000

z: 원금 = 5,000,000

2.

1) 10,000,000원 (기대수익률 6%가 액면이자율 6%와 일치하므로)

2)

날 짜	사채 기초장부가 a	이자비용 b=a×6.165%	액면이자 지급액 c=액면가×6%	할인발행 차금상각액 d=b−c	할인발행차금미상각액 $e_t=e_{t-1}-d$	사채 기말장부가 f=a+d
20×0.12.31					43,970	9,956,030
20×1.12.31	9,956,030	613,789	600,000	13,789	30,181	9,969,819
20×2.12.31	9,969,819	614,639	600,000	14,639	15,541	9,984,459
20×3.12.31	9,984,459	615,542	600,000	15,542	0	10,000,000

날 짜	차 변		대 변	
20×0.12.31	현 금	9,956,030	사 채	10,000,000
	사채할인발행차금	43,970		
20×1.12.31	이자비용	613,789	현 금	600,000
			사채할인발행차금	13,789
20×2.12.31	이자비용	614,639	현 금	600,000
			사채할인발행차금	14,639
20×3.12.31	이자비용	615,542	현 금	600,000
			사채할인발행차금	15,542
	사 채	10,000,000	현 금	10,000,000

3.

1)

날 짜	사채 기초장부가 a	이자비용 b=a×5.145%	액면이자 지급액 c=액면가×5%	할인발행 차금상각액 d=b−c	할인발행차 금미상각액 $e_t=e_{t-1}-d$	사채 기말장부가 f=a+d
20×0.12.31					196,900	49,803,100
20×1.12.31	49,803,100	2,562,369	2,500,000	62,369	134,531	49,865,469
20×2.12.31	49,865,469	2,565,578	2,500,000	65,578	68,952	49,931,048
20×3.12.31	49,931,048	2,568,952	2,500,000	68,952	0	50,000,000

날 짜	차 변		대 변	
20×0.12.31	현 금	49,803,100	사 채	50,000,000
	사채할인발행차금	196,900		
20×1.12.31	이자비용	2,562,369	현 금	2,500,000
			사채할인발행차금	62,369
20×2.12.31	이자비용	2,565,578	현 금	2,500,000
			사채할인발행차금	65,578
20×3.12.31	이자비용	2,568,952	현 금	2,500,000
			사채할인발행차금	68,952
	사 채	50,000,000	현 금	50,000,000

2)

$$\text{발행금액} = \frac{3,000,000}{(1+0.05)} + \frac{3,000,000}{(1+0.05)^2} + \frac{53,000,000}{(1+0.05)^3} = 51,361,624$$

날 짜	차 변		대 변	
20×0.12.31	현 금	51,361,624	사 채	50,000,000
			사채할증발행차금	1,361,624

3)

날 짜	사채 기초장부가 a	이자비용 b = a × 5%	액면이자 지급액 c=액면가×6%	할증발행 차금환입액 d = c − b	할증발행차 금미환입액 $e_t = e_{t-1} - d$	사채 기말장부가 f = a − d
20×0.12.31					1,361,624	51,361,624
20×1.12.31	51,361,624	2,568,081	3,000,000	431,919	929,705	50,929,705
20×2.12.31	50,929,705	2,546,485	3,000,000	453,515	476,190	50,476,190
20×3.12.31	50,476,190	2,523,810	3,000,000	476,190	0	50,000,000

날 짜	차 변		대 변	
20×1.12.31	이자비용	2,568,081	현 금	3,000,000
	사채할증발행차금	431,919		
20×2.12.31	이자비용	2,546,485	현 금	3,000,000
	사채할증발행차금	453,515		
20×3.12.31	이자비용	2,523,810	현 금	3,000,000
	사채할증발행차금	476,190		
	사 채	50,000,000	현 금	50,000,000

4.

$$\text{발행가} = \frac{600{,}000}{1.05} + \frac{600{,}000}{1.05^2} + \frac{10{,}600{,}000}{1.05^3} = 10{,}272{,}325,$$

발행수수료 80,020

날 짜	사채 기초장부가 a	이자비용 b=a×5.29%	액면이자 지급액 c=액면가×6%	할증발행 차금환입액 d = c − b	할증발행차 금미환입액 $e_t = e_{t-1} - d$	사채 기말장부가 f = a − d
20×0.12.31					192,305*	10,192,305
20×1.12.31	10,192,305	539,173	600,000	60,827	131,478	10,131,478
20×2.12.31	10,131,478	535,955	600,000	64,045	67,433	10,067,433
20×3.12.31	10,067,433	532,567	600,000	67,433	0	10,000,000

* 192,305 = 272,325 − 80,020

날 짜	차 변		대 변	
20×0.12.31	현 금	10,192,305	사 채	10,000,000
			사채할증발행차금	192,305
20×1.12.31	이자비용	539,173	현 금	600,000
	사채할증발행차금	60,827		
20×2.12.31	이자비용	535,955	현 금	600,000
	사채할증발행차금	64,045		
20×3.12.31	이자비용	532,567	현 금	10,600,000
	사채할증발행차금	67,433		
	사 채	10,000,000		

5.

1)

$$발행금액 = \frac{10,900,000}{(1+0.03)} + \frac{10,600,000}{(1+0.03)^2} + \frac{10,300,000}{(1+0.03)^3} = 30,000,000$$

2)

날 짜	차 변		대 변	
20×1.1.2	현 금	30,000,000	사 채	30,000,000
20×1.12.31	이자비용	900,000	현 금	10,900,000
	사 채	10,000,000		
20×2.12.31	이자비용	600,000	현 금	10,600,000
	사 채	10,000,000		
20×3.12.31	이자비용	300,000	현 금	300,000
	사 채	10,000,000	현 금	10,000,000

6.

날 짜	차 변		대 변	
20×1.5.31	제품보증비	200,000	제품보증충당부채	200,000
20×1.9.1	제품보증충당부채	100,000	저장품	100,000

7.

내 용	계정과목
20×5년 10월 1일 K은행으로부터 만기 1년으로 10억원을 차입함.	단기차입금
20×4년 7월 1일 만기 3년의 회사채를 100억원에 발행함.	사채 (비유동부채)
20×3년 9월 15일 W은행으로부터 만기 3년으로 20억원을 차입함.	유동성장기차입금*
20×1년 12월 1일 만기 5년의 회사채를 150억원에 발행함.	유동성사채*

* 20×5년 말 현재 만기가 1년 이내로 도래하면 장기차입금은 유동성장기차입금으로, 사채는 유동성사채로 대체함.

8.

1) 충당부채
2) 순확정급여부채
3) 장기성매입채무
4) 이연법인세부채
5) 장기차입금
6) 사채

9.

1) 보증수리의 의무가 있고, 자원 유출 가능성이 높으므로 충당부채로 인식한다.
2) 배상의무가 없다고 판단되므로 자원 유출 가능성이 희박하지 않다면 우발부채로 주석에 공시한다.
3) 배상의무가 있다고 판단되고, 자원 유출 가능성이 높으므로 충당부채로 인식한다.

10.

이자수익 100,000원은 법인세비용차감전이익에 포함되어 있지만 법인세는 현금을 수령하는 2022년에 과세된다. 따라서 2021년 납부할 법인세는 (2,500,000 − 100,000) × 0.2 = 480,000원이고, 2022년에 지급할 법인세가 있으므로 이연법인세부채는 100,000원에 법인세율 20%를 곱한 20,000원, 2021년 법인세비용은 미지급법인세와 이연법인세부채를 더한 500,000원이 된다.

날 짜	차 변		대 변	
20×1.12.31	법인세비용	500,000	미지급법인세	480,000
			이연법인세부채	20,000

제10장 실제 기업 사례 문제

1.

1) 2022년 기준 사채의 액면금액은 40,000,000천원이며 사채할인발행차금의 잔액은 45,709천원이다.
2) ㈜동원F&B의 장기차입금은 신한은행 등 110,000,000천원과 산업은행 등 50,000,000천원이며 당해 연도에 유동성 대체로 차감된 금액인 30,000,000천원을 제한 후의 금액은 총 130,000,000천원이다.
3) 사외적립자산이 확정급여채무를 초과하므로 비유동자산으로 순확정급여자산을 표기하기 때문이다.
4) 소송사건으로 2건(소송금액 108,435천원)이 계류 중에 있으며, 동 소송사건의 결과가 재무제표에 미치는 영향 및 소송의 결과를 당기 말 현재 합리적으로 예측할 수 없기 때문에 충당부채로 설정된 금액은 없다.

2.

1) ㈜제주항공의 장기차입금의 차입처는 한국수출입은행과 한국산업은행이고, 연 이자율(%)은 3M Libor + 1.85와 2.98%, 3.82%이다.
2) ㈜제주항공의 비유동리스부채는 7C Leasing 2018 Ltd. 등으로부터의 항공기리스와 에이케이인천국제물류센터 등으로부터의 기타리스로 구성된다. 당기 중 리스부채의 신규 증가보다 지급한 리스료가 더 컸기 때문에 총리스부채가 감소하였고 유동성리스부채의 증가로 비유동리스부채도 감소하였다.
3) 계약부채는 당사가 고객에게서 이미 받은 대가(또는 지급기일이 된 대가)에 상응하여 고객에게 재화나 용역을 이전해야 하는 기업의 의무이다. 비유동계약부채의 세부 내역은 2022년 말을 기준으로 이연수익 1,264,981천원이다. 이

연수익은 제주항공의 마일리지적립제도로 인해 미래에 마일리지 혜택을 고객에게 제공할 의무를 인식한 것으로 판단된다.

4) 소송사건으로 3건이 계류 중에 있으며, 당기 말 현재 동 소송사건의 확정 결과를 예측할 수 없음에 따라 충당부채로 설정된 금액은 없다.
5) 확정급여채무는 90,457,978천원이고 사외적립자산은 86,966,781천원이다.

제11장

자 본

○×퀴즈

1. ○
2. × 자본금이 자본총계보다 작으면 자본잠식이다.
3. ○
4. × 자기주식은 자본차감계정으로, 자기주식의 취득은 자산의 감소와 자본의 감소를 초래한다.
5. ○
6. × 기타포괄이익은 자본의 기타포괄손익누계액을 증가시킨다.
7. × 이익잉여금은 기업이 현금을 보유하든지, 또는 그 현금을 유형자산 취득에 사용하든지에 관계없이 변동이 없다.
8. × 시가총액이 자본총계보다 작을 수도 있다.
9. ○
10. × 의무 용역제공기간에 걸쳐 주식보상비와 주식선택권(자본)으로 인식된다.
11. ○
12. × 우선주는 의결권이 없다.
13. ○
14. × 무상증자는 자본금은 증가하나 같은 금액의 주식발행초과금 또는 이익준비금(법정적립금)이 감소하여 자본총계는 변하지 않는다. 무상감자도 자본금은 감소하나 결손금(음의 이익잉여금)이 줄어들기 때문에 자본총계는 변하지

않는다. 따라서 둘 다 부채비율은 변하지 않는다.

15. ○

16. × 기타포괄손익은 수익과 비용에 해당하지만 당기순이익의 계산에는 포함되지 않는다. 대신 당기순이익에 가감되어 총포괄손익에 반영된다.

회계용어 낱말퍼즐

1. 재고자산
2. 이자비용
3. 감가상각누계액
4. 법정적립금
5. 수정후시산표
6. 현금
7. 주식발행초과금
8. 선수금
9. 공정가치
10. 계속기록법
11. 대손충당금
12. 재무제표
13. 차변
14. 부기
15. 유형자산
16. 손익계산서
17. 사채
18. 현금과부족
19. 결산수정분개

A. 내용연수
B. 재무상태표
C. 정액법
D. 미지급금
E. 시장가치
F. 개발비
G. 현금흐름표
H. 연수합계법
I. 주식배당
J. 정률법
K. 당기순이익
L. 대변
M. 충당부채
N. 무형자산
O. 유동자산
P. 계정과목
Q. 사용가치
R. 수표
S. 분개장

제11장 객관식 문제

1. 정답 ①

무상증자, 주식배당, 주식분할, 주식병합의 비교

항 목	무상증자	주식배당	주식분할	주식병합
발행주식수	증 가	**증 가**	**증 가**	감 소
주당 액면금액	불 변	불 변	감 소	증 가
자본총계	불 변	불 변	불 변	불 변
자본금	**증 가**	증 가	불 변	**불 변**

2. 정답 ①

12월 말 유상증자 분개 시 주식발행초과금을 인식하기 전에 미상각 주식할인발행차금을 먼저 제거한다. 주식할인발행차금은 자본차감계정이므로 제거를 위해서는 대변에 기록한다.

차) 현 금	9,000,000	대) 자본금	5,000,000
		주식할인발행차금	1,500,000
		주식발행초과금	2,500,000

3. 정답 ②

자기주식 구입:

(차) 자기주식(자본 감소)	40,000	(대) 미지급금(부채 증가)	40,000

자기주식 처분:

(차) 현금(자산 증가)	30,000	(대) 자기주식 (자본 증가)	20,000
		자기주식처분이익(자본 증가)	10,000

따라서 자본은 10,000원(= −40,000 + 20,000 + 10,000) 감소한다.

4. 정답 ④

자본잉여금은 주식발행초과금, 자기주식처분이익 등을 포함한다.

• 유상증자 시

(차) 현금 1,500,000(= 500주×3,000) (대) 자본금 1,000,000(= 500주×2,000)

주식발행초과금 500,000
(= 500주×(3,000 − 2,000))

• 자기주식 처분거래

(차) 현금 160,000(= 40주×4,000) (대) 자기주식 100,000(= 40주×2,500)
자기주식처분이익 60,000
(= 40주×(4,000 − 2,500))

따라서 자본잉여금 = 1,000,000 (기초잔액) + 500,000 + 60,000 = ₩1,560,000

5. 정답 ④

4월 1일	(차) 현금 1,200,000 (대) 보통주자본금 500,000(= 100주×5,000) 주식발행초과금 700,000(= 100주×(12,000 − ₩5,000))
7월 30일	(차) 미처분이익잉여금(또는 배당금) 200,000 (대) 현금 200,000
10월 1일	(차) 자기주식 220,000 (대) 현금 220,000(= 20주×₩11,000)
11월 30일	(차) 현금 130,000 (대) 자기주식 110,000(= 10주×11,000) 자기주식처분이익 20,000 (= 10주×(13,000 − 11,000))
11월 31일	이익잉여금 ₩800,000 증가 기타포괄손익누계액 ₩50,000 증가

따라서 기말 자본총계 = 3,000,000 + 500,000 + 700,000 − 200,000 − 220,000
+ 110,000 + 20,000 + 800,000 + 50,000 = 4,760,000

6. 정답 ④

• 1월 1일 주식 발행의 분개:

(차) 현금 119,300(= (1,000주×₩120) − 700)
(대) 보통주자본금 100,000(=1,000주×₩100)
주식발행초과금 19,300

주식발행 직접비용은 비용으로 처리하지 않고 주식발행초과금을 감소시킨다.

• 7월 1일 주식 발행의 분개:

(차) 현금 90,000(=1,000주×₩90) (대) 보통주자본금 100,000(=1,000주×₩100)

주식발행초과금 10,000

따라서 12월 31일 주식발행초과금의 잔액은 9,300(= 19,300 − 10,000)이다.

7. 정답 ②

미처분이익잉여금

		기초 잔액	50,000
현금배당	5,000	당기순이익	×××
주식배당	2,000		
법정적립금	1,000	기말 잔액	68,000

따라서 50,000 + 당기순이익 − 5,000 − 2,000 − 1,000 = 68,000

당기순이익 = 26,000

제11장 주관식 문제

1.

1) 20×1년 유상증자 시 분개

연 도	차 변		대 변	
20×1	현 금	1,800,000,000	자본금	1,500,000,000
			주식발행초과금	300,000,000

따라서 자본금 15억원, 주식발행초과금이 3억원 증가하여 자본총계는 18억원 증가한다.

2) 20×2년 자기주식 취득 시 분개

연 도	차 변		대 변	
20×2	자기주식	70,000,000	현 금	70,000,000

자기주식이 70,000,000원 증가하지만 자기주식은 자본차감계정이므로 자본총계는 70,000,000원 감소한다.

3) 20×3년 자기주식 재발행의 분개

연 도	차 변		대 변	
20×3	현 금	40,000,000	자기주식	35,000,000
			자기주식처분이익	5,000,000

자기주식은 35,000,000(=5,000주×7,000원)원 감소하고 자기주식처분이익이 5,000,000원 증가한다. 자기주식은 자본차감계정이고, 자기주식처분이익은 자본계정이므로 자본총계는 40,000,000원 증가한다.

2.

1) 20×1년 발행 주식수 = (9,000,000원 − 7,000,000원) ÷ 5,000원 = 400주
2) 20×1년 주당 주식발행초과금 증가액 = (6,600,000원 − 4,200,000원) ÷ 400주
= 6,000원

20×1년 발행한 주식의 평균 발행가격 = 주당 액면금액 + 주당 주식발행초과금
= 5,000 + 6,000 = 11,000원

3) 20×1년 회사가 조달한 자금 = (9,000,000 − 7,000,000) + (6,600,000 − 4,200,000)
= 4,400,000원

3.

1) 20×1년: 1,500,000,000원 ÷ 5,000원 = 300,000주
2) 20×0년 말까지는 200,000주(=1,000,000,000÷5,000원)가 발행되었으므로 100,000주가 20×1년에 추가로 발행되었다. 20×1년 주식발행초과금이 2020년보다 500,000,000원 증가하였으므로 주당 주식발행초과액이 5,000원(=500,000,000 ÷ 100,000주)이다. 따라서 100,000주는 주당 액면금액 5,000원에 5,000원을 더한 10,000원에 발행되었다.
3) 자본금 + 주식발행초과금 = 1,500,000,000 + 1,300,000,000 = 2,800,000,000원
4) 20,200,000 ÷ 2,000주 = 10,100원
5) 유통주식수 = 발행주식수 − 자기주식수 = 300,000주 − 2,000주 = 298,000주
6) 사내유보이익 = 이익잉여금 = 396,352,000원
7) 기말이익잉여금 = 기초이익잉여금 + 당기순이익 − 배당금

396,352,000원 = 355,387,000원 + 당기순이익 − 10,000,000원

당기순이익 = 50,965,000원

4.

날 짜	차 변		대 변	
20×1.5.1	주식발행초과금	100,000,000*	자본금	100,000,000

* 100,000주 × 20% × 5,000 = 100,000,000

5.

날 짜	차 변		대 변	
20×1년 9월 1일	자기주식	4,250,000	현 금	4,250,000
20×2년 10월 2일	현 금	2,500,000	자기주식	2,125,000
			자기주식처분이익	375,000
20×3년 11월 1일	현 금	700,000	자기주식	850,000
	자기주식처분이익	150,000*		

* 자기주식처분이익 잔액이 375,000원이 있으므로 자기주식처분이익부터 줄인다. 자기주식처분이익 잔액이 없다면 자기주식처분손실로 기록한다.

6.

	자본금	자본총계	발행주식수	유통주식수
유상증자	증 가[a]	증 가	증 가	증 가
자기주식 취득	불 변	감 소	불 변	감 소[b]
배당금 지급승인	불 변	감 소[c]	불 변	불 변
유상감자	감 소	감 소	감 소	감 소
자기주식 재발행	불 변	증 가[d]	불 변	증 가
주식분할(액면분할)	불 변[e]	불 변	증 가	증 가

a. 자본금은 발행주식수에 주당 액면금액을 곱한 것으로 발행주식수가 증가하므로 자본금도 증가한다.

b. 유통주식수는 발행주식수에 자기주식수를 차감한 것이므로 자기주식을 취득하면 유통주식수는 감소한다. 자기주식은 자본차감계정이므로 자기주식을 취득하면 자본총계는 감소한다.

c. 배당금 지급결정은 이익잉여금을 감소시킨다.

d. 자본차감계정이 감소하므로 자본총계는 증가한다.

e. 주식분할은 주당 액면금액은 감소하지만 발행주식수가 비례적으로 증가하므로 자본금은 변동이 없다.

7.

1) 1,051,037천원(기타포괄손익누계액 – FVOCI금융자산의 잔액은 음수이고, 자기주식은 자본차감계정이므로 자본총계 계산 시에 차감함)

2) 자본금 = 330,000천원(= 보통주자본금 + 우선주자본금)
   자본잉여금 = 540,000천원 (주식발행초과금)

3) 이익잉여금 = 이익준비금 + 미처분이익잉여금 = 184,432천원

4) 당기순이익 67,540천원은 미처분이익잉여금에, 기타포괄손실 1,543천원은 기타포괄손익누계액-FVOCI금융자산에 포함됨.

5) 미처분이익잉여금은 현금배당금 지급과 이익준비금 적립으로 총 11,000천원이 감소하고, 이익준비금은 1,000천원 증가한다. 따라서 재무상태표 상에 표기될 이익잉여금(미처분이익잉여금과 이익준비금의 합)은 총 10,000천원이 감소한다.

8.

날 짜	차 변		대 변	
배당기준일 (20×0.12.31)	분개 없음			
배당선언일 (20×1.3.28)	배당금	20,000,000	미지급배당금	20,000,000
배당지급일 (20×1.4.20)	미지급배당금	20,000,000	현 금	20,000,000

9.

1)

날 짜	차 변		대 변	
20×1.3.29	미처분이익잉여금	2,000,000*	미교부주식배당금	2,000,000
20×1.4.25	미교부주식배당금	2,000,000	보통주자본금	2,000,000

* 20,000주×₩1,000×10% = ₩2,000,000

2) 주식배당 후의 재무상태표 자본란

보통주자본금(액면금액 ₩1,000, 발행주식수 22,000*)	₩ 22,000,000
주식발행초과금	10,000,000
이익잉여금	68,000,000
자본총계	100,000,000

* 발행주식수는 20,000주의 10%인 2,000주가 더 발행되어 22,000주가 된다.

10.

1) 500,000주 = 50,000,000 ÷ 100원

2)

날 짜	차 변		대 변	
20×1.1.2	현 금	100,000,000	자본금	50,000,000*
			주식발행초과금	50,000,000**

* 50,000,000 = 500,000주×100원(액면금액)

** 50,000,000 = 500,000주×(200원−100원)

3)

날 짜	차 변		대 변	
20×1.1.2	현 금	99,700,000	자본금	50,000,000
			주식발행초과금	49,700,000

4)

날 짜	차 변		대 변	
20×1.3.30	미처분이익잉여금	4,400,000	미지급배당금	4,000,000
			이익준비금	400,000

5) 무상증자 이전 발행주식수는 1,000,000주(= 기초 500,000주 + 유상증자 500,000주)이므로 10%인 100,000주가 추가로 발행된다. 따라서 자본금은 10,000,000원(= 100,000주 × 100원) 증가하고, 주식발행초과금은 10,000,000원 감소한다.

6)

날 짜	차 변		대 변	
20×1.12.1	자기주식	2,100,000	현 금	2,100,000

7)

자본금	110,000,000[a]
주식발행초과금	70,000,000[b]
자기주식	(2,100,000)
이익잉여금	
이익준비금	1,400,000[c]
미처분이익잉여금	33,036,000[d]
자본총계	212,336,000

a. 110,000,000 = 50,000,000(기초잔액) + 50,000,000(유상증자) + 10,000,000(무상증자)

b. 70,000,000 = 30,000,000(기초잔액) + 50,000,000(유상증자) − 10,000,000(무상증자)

c. 1,400,000 = 1,000,000(기초잔액) + 400,000(추가적립)

d. 33,036,000 = 23,482,000(기초잔액) − 4,400,000(배당, 이익준비금 적립) + 13,954,000(당기순이익)

11.

1) 1,000원 (= 100,000,000 ÷ 100,000주)

2) 자본총계가 자본금보다 작으므로 자본잠식에 해당하고, 자본잠식률은

$$\frac{(\text{자본금} - \text{자본총계})}{\text{자본금}} = \frac{100,000,000 - 80,000,000}{100,000,000} = 0.2, \text{ 즉 } 20\%\text{이다.}$$

3) $\text{PBR} = \frac{\text{시가총액}}{\text{자본총계}} = \frac{100,000\text{주} \times 600\text{원}}{80,000,000\text{원}} = 0.75$

4) 결손금 20,000,000원을 보전하기 위한 무상감자이므로 무상감자 후 자본금은 20,000,000원이 줄어 80,000,000원이 되고, 결손금 잔액은 0이 된다. 여기서 줄어든 주식수는 20,000,000원 ÷ 1,000원 = 20,000주이다. 따라서 유통주식수는 80,000주(= 기초 100,000주 − 무상감자 20,000주), 자본금 80,000,000원(= 100,000,000원 − 20,000,000원), 결손금 0원, 자본총계는 80,000,000원(= 80,000,000원 + 0원)이다.

제11장 실제 기업 사례 문제

1.

1) 자본금은 25,000,000,000원 (= 50,000,000주 × 500원) 증가

주식발행초과금은 96,000,000,000원 (= 50,000,000주 × (2,420원 − 500원)) 증가

2) 자본금 증가는 동일(25,000,000,000원 = 50,000,000주 × 500원)

주식발행초과금은 94,597,786,000원 (=96,000,000,000원 − 1,402,214,000원) 증가

㈜티웨이항공이 2022년 재무제표 주석에서 공시한 유상증자 관련 내용은 아래와 같다.

2) 보고기간 동안 발생한 납입자본의 변동은 다음과 같습니다.

(당기) (단위: 주, 천원)

구 분	일 자	증감주식수	주당발행금액	보통주자본금	우선주자본금	주식발행초과금
기 초	2022. 1. 1	142,177,413	–	55,165,140	15,923,567	247,690,150
유상증자(주1)	2022. 4.27	50,000,000	500	25,000,000	–	94,597,786
기 말	2022.12.31	192,177,413	–	80,165,140	15,923,567	342,287,936

(주1) 기명식보통주로 발행되는 주주배정 유상증자(실권주 일반공모)를 실시하였으며, 신주발행가액에서 신주발행비 1,402,214천원을 차감한 금액만큼 납입자본이 증가하였습니다.

2.

1) 3,218,500,000원 ÷ 5,000원 = 643,700주

2) 자금조달액 = 자본금 + 주식발행초과금 = (3,218,500 + 41,285,800)
= 44,504,300천원

평균 발행가액 = 44,504,300천원 ÷ 643,700주 = 69,138원

3) 기초이익잉여금 + 당기순이익 − 현금배당 = 기말이익잉여금

851,538,546 + 197,460,054 − 0 = 1,048,998,600천원

따라서 증가의 원인은 당기순이익이다.

4) 원래 현금배당금의 10%를 적립해야 하지만 현금배당이 없으므로 이익준비금으로 적립된 금액이 없음. 현금배당이 있다고 하더라도 자본금의 50%인 1,609,250천원이 이미 적립되었으므로 더 이상 적립할 필요는 없음.

3.

㈜셀트리온은 취득한 자기주식을 2022년 연결재무상태표에 자본의 한 항목인 '기타자본(388,472,414천원)'에 포함하고 있으며 연결재무제표 주석32에서 아래와 같이 상세히 보고하고 있다.

(2) 기타자본항목의 구성내역

(단위: 천원)

구 분	2022.12.31	2021.12.31
자기주식	(501,689,374)	(225,716,732)
주식선택권	95,285,939	71,239,165
기타자본잉여금	17,931,021	15,969,447
합 계	(388,472,414)	(138,508,120)

(3) 지배기업의 자기주식 변동내역

(단위: 주, 천원)

구 분	주식수	금 액
2021.1.1	1,212,915	191,825,374
자기주식 취득	110,215	33,891,358
2021.12.31	1,323,130	225,716,732
2022.1.1	1,323,130	225,716,732
자기주식 취득	1,689,373	275,972,642
2022.12.31	3,012,503	501,689,374

4.

1) 총 134,173,248주 중에서 12.5%인 16,771,656주를 소각하였으므로 유상감자 후 발행주식수는 117,401,592주이다. 유상감자 후 자본금은 117,401,592주 × 500원(주당액면가) = 58,700,796,000원이다.
2) 자본의 기타자본구성요소에 감자차손 (43,040,138,492원)으로 표기되어 있다. 감자차손이 2,975원과 500원의 차이에 취득 주식수(16,771,656주)를 곱한 금액인 41,509,848,600원보다 절대금액이 큰 이유는 소각된 주식에 자기주식 일부가 포함되면서 자기주식의 주당 취득원가와 액면금액 500원의 차이에 소각되는 자기주식수를 곱한 금액이 포함되었기 때문인 것으로 보인다.

5.

1) 연결재무제표 주석에 공시된 아래 표와 같이 주식선택권의 기말 존속 주식수는 총 396,000(= 9,000 + 98,000 + 82,000 + 98,000 + 109,000)주이다. 주식선택권 행사가격은 22차~26차까지 각각 16,680원, 13,844원, 8,202원, 17,350원, 22,189원이다.

24. 주식기준보상

24-1 지배기업은 주주총회 특별결의에 의거 지배기업의 임직원에게 주식선택권을 부여하였으며, 그 주요 내역은 다음과 같습니다.

구 분	22차	23차	24차	25차	26차
권리부여일	2018-03-29	2019-03-26	2020-03-24	2021-03-30	2022-03-30
주식종류	기명식보통주식	기명식보통주식	기명식보통주식	기명식보통주식	기명식보통주식
부여주식수	139,000주	154,000주	85,000주	122,000주	129,000주
기초주식수	14,000주	132,000주	82,000주	118,000주	–
당기 부여주식수	–	–	–	–	129,000주
당기 취소주식수	–	5,000주	–	20,000주	20,000주
당기 행사주식수	5,000주	29,000주	–	–	–
기말 존속주식수	9,000주	98,000주	82,000주	98,000주	109,000주
부여방법	신주발행교부, 자기주식교부	신주발행교부, 자기주식교부	신주발행교부, 자기주식교부	신주발행교부, 자기주식교부	신주발행교부, 자기주식교부
행사가격	16,680원/주	13,844원/주	8,202원/주	17,350원/주	22,189/주
행사가능 기간	2021.03.29~ 2024.03.28	2022.03.27~ 2025.03.26	2023.03.24~ 2026.03.23	2024.03.30~ 2027.03.30	2025.03.30~ 2028.03.29
가득조건	부여일 이후 3년 이상 재직	부여일 이후 3년 이상 재직	부여일 이후 3년 이상 재직	부여일 이후 3년 이상 재직	부여일 이후 3년 이상 재직

2) ㈜한글과컴퓨터 2022년 연결재무제표 주석에 보고된 바와 같이 주식선택권의 공정가치는 블랙숄즈모형을 적용하여 산정하였고, 공정가치 산정에 사용된 가정은 다음과 같다.

24-3 지배기업은 2018년 3월에 부여된 주식선택권의 공정가치를 블랙숄즈모형을 적용하여 산정하였는 바, 산정에 사용된 방법 및 가정은 다음과 같습니다.

구 분	제22차
무위험이자율	2.22%
기대존속기간	5년
기대주가변동성	0.3367
배당수익률	1.53%
행사가격	16,680원
주당공정가치	4,838원

24-4 지배기업은 2019년 3월 이후에 부여된 주식선택권의 공정가치를 이항모형을 적용하여 산정하였는 바, 산정에 사용된 방법 및 가정은 다음과 같습니다.

구 분	23차	24차	25차	26차	비 고
주 가	13,850원	6,840원	17,100원	23,300원	평가기준일 종가
행사가격	13,844원	8,202원	17,350원	22,189원	평가 시 적용된 행사가액
할인율/무위험수익률	1.85%	1.55%	1.81%	2.88%	주식매수선택권 잔존만기에 해당하는 평가기준일 국고채 SPOT RATE CURVE 값
변동성	11.10%	15.70%	13.60%	17.05%	상장 종가 180영업일 기준 변동성사용

제12장

현금흐름표

○×퀴즈

1. × 간접법이 아닌 직접법이 현금흐름을 쉽게 파악할 수 있다는 장점이 있고, 실무에서는 간접법을 주로 사용한다.
2. ○
3. ○
4. × 당기순손익에 투자활동 또는 재무활동과 관련된 손실을 가산한다.
5. × 가산하는 것이 아니라 차감한다.
6. ○
7. × 부채의 감소는 당기순손익에 차감한다.
8. ○
9. × 재무활동이 아니고 투자활동 현금흐름에 해당한다.
10. ○
11. ○
12. × 현금성자산이 포함된다.
13. × 영업활동, 투자활동, 재무활동 현금흐름의 합은 당기 현금의 증가 또는 감소를 나타내는 것으로 여기에 기초현금을 더하면 기말현금이 된다.

제12장 객관식 문제

1. 정답 ①

① 현금흐름표는 일정 시점이 아니라 일정 기간의 현금유입액과 현금유출액에 대한 정보를 제공하는 재무제표이다.

2. 정답 ⑤

⑤번 유형자산의 처분에 따른 현금 유입은 투자활동 현금흐름에 속한다.

3. 정답 ②

당기순이익	100,000
현금 유출이 없는 비용 등의 가산	
감가상각비	+ 10,000
현금 유입이 없는 수익 등의 차감	
유형자산처분이익	− 8,000
영업 관련 자산 및 부채 변동	
매출채권의 증가	− 9,000
선급비용의 감소	+ 4,000
매입채무의 증가	+ 5,000
미지급비용의 감소	− 3,000
영업활동 현금흐름	99,000

4. 정답 ③

당기순이익	100,000
현금 유출이 없는 비용 등의 가산	
감가상각비	+ 3,000
사채상환손실	+ 300
현금 유입이 없는 수익 등의 차감	
지분법이익	− 100
토지처분이익	− 10,000

영업 관련 자산 및 부채 변동	
매출채권의 증가	− 20,000
재고자산의 감소	+ 50,000
선급금의 증가	− 40,000
매입채무의 감소	− 30,000
영업활동 현금흐름	53,200

5. 정답 ②

당기순이익	1,000,000
현금 유출이 없는 비용 등의 가산	
감가상각비	+ 50,000
유형자산처분손실	+ 20,000
영업 관련 자산 및 부채 변동	
매출채권의 증가	− 150,000
재고자산의 증가	− 200,000
매입채무의 감소	− 100,000
영업활동 현금흐름	620,000

6. 정답 ③

당기순이익	20,000
현금 유출이 없는 비용 등의 가산	
감가상각비	+ 3,000
영업 관련 자산 및 부채 변동	
매출채권의 증가	− 5,000
선급비용의 증가	− 4,000
미지급비용의 증가	+ 2,000
영업활동 현금흐름	16,000

제12장 주관식 문제

1.

Ⅰ. 영업활동 현금흐름		850,000
당기순이익(손실)	650,000	
현금유출이 없는 비용 등의 가산		
감가상각비	150,000	
영업활동으로 인한 자산·부채의 변동		
미지급이자 증가	50,000	

2. (단위: 원)

Ⅰ. 영업활동 현금흐름		(1,350,000)
당기순이익	310,000	
현금유출이 없는 비용의 가산:		
감가상각비	100,000	
영업활동으로 인한 자산·부채의 변동		
매출채권의 증가	(2,250,000)	
상품의 감소	500,000	
선급보험료의 감소	40,000	
소모품의 증가	(50,000)	

3. (단위: 원)

Ⅰ. 영업활동 현금흐름		910,000
당기순이익	10,722,500	
현금유출이 없는 비용 등의 가산		
감가상각비	400,000	
영업활동으로 인한 자산·부채의 변동		
매출채권의 증가	(12,000,000)	
원재료의 증가	(700,000)	
제품의 감소	387,500	
선급보험료의 감소	100,000	
매입채무의 증가	2,000,000	

4. (단위: 천원)

Ⅰ. 영업활동 현금흐름		550,684
당기순이익	57,881	
현금유출이 없는 비용 등의 가산		
감가상각비	277,357	
현금유입이 없는 수익 등의 가산		
지분법이익	(831)	
영업활동으로 인한 자산·부채의 변동		
매출채권의 감소	175,840	
선급비용의 증가	(7,529)	
미수수익의 증가	(72,408)	
매입채무의 감소	(10,252)	
미지급비용의 증가	157,422	
당기법인세부채의 감소	(26,796)	

* 단기대여금은 영업활동이 아닌 투자활동과 관련된 자산이므로 변동을 조정하지 않는다.

5.

현금흐름표

20×1년 1월 1일부터 12월 31일까지

㈜성북공업 (단위: 백만원)

Ⅰ. 영업활동 현금흐름		720
당기순이익	610	
현금유출이 없는 비용 등의 가산:		
감가상각비	300	
유형자산처분손실	60	
현금유입이 없는 수익 등의 차감:		
지분법이익	(80)	
영업활동으로 인한 자산·부채의 변동		
매출채권의 증가	(120)	
재고자산의 감소	10	
선급보험료의 증가	(30)	
매입채무의 증가	20	

미지급급여의 감소	(50)	
Ⅱ. 투자활동 현금흐름		(360)
기계장치의 취득	(800)	
기계장치의 처분	440	
Ⅲ. 재무활동 현금흐름		(320)
단기차입금의 상환	(100)	
장기차입금의 신규차입	200	
현금배당	(420)	
Ⅳ. 현금의 증가		40
Ⅴ. 기초현금		900
Ⅵ. 기말현금		940

6.

① 160,745 = 234,084 + 3,060 − 25,454 − 50,945

② 206,005 = 234,084 − 108,352 − (−80,273)

③ (173,515) = −132,695 − 40,820

④ (37,561) = 195,026 − 232,587

⑤ (9,511) = 160,745 − 132,695 − 37,561

⑥ 59,830 = −9,511 + 750 + 68,591

제12장 실제 기업 사례 문제

1.

1) 연결재무제표 주석 37을 보면 조정항목 중 가장 큰 항목은 계약부채의 증가로 2.1조원에 이른다. 계약부채란 고객에게 재화나 용역을 이전하기 전에 고객이 지급한 선수금 등을 나타내는 부채이다. 계약부채는 고객에게서 받은 대가(금액)에 상응하여 장래에 고객에게 재화나 용역을 이전해야 하는 기업의 의무를 뜻한다. 따라서 재화나 용역을 제공하기 전에 미리 받은 현금이 크게 증가했으므로 영업활동 현금흐름이 증가한 것이다.

2) 단기금융자산의 취득에 7,550억원, 유형자산의 취득에 4,845억원, 무형자산의

취득에 297억원이 사용되었다.

3) 재무활동에서도 자금은 조달되지 않았고, 오히려 금융부채의 상환 등으로 9,328억원의 순유출이 있다. 결국 2022년의 현금 순유출액은 대부분 기초에 보유한 현금 및 현금성자산 2조 1,374억원을 사용한 것이다.

2.

1)

① 현금 유출이 없는 비용: 퇴직급여, 감가상각비, 사용권자산상각비, 무형자산상각비, 외화환산손실, 파생상품평가손실, 손상차손

② 투자 및 재무활동 관련 비용: 파생상품거래손실, 유무형자산처분손실

③ 현금 유입이 없는 수익: 지분법이익, 외화환산이익, 파생상품평가이익, 손상차손환입

④ 투자 및 재무활동 관련 수익: 파생상품거래이익, 관계기업 및 공동기업 처분이익, 종속기업 처분이익, 유무형자산처분이익

2) 유형자산의 취득, 당기손익-공정가치측정 금융상품의 취득, 사업결합 등

3) 영업활동 현금 순유입액이 7,457억원으로 투자활동 현금 순유출액 7,144억원보다 크다. 따라서 영업활동 현금 순유입액이 투자활동 현금 순유출액을 감당할 수 있지만 그 차이가 크지 않고, 현금 유입과 유출 시기가 다를 수 있으므로 재무활동 현금흐름에서 보듯이 단기차입금의 증가 등을 통해 신규 자금이 조달되어 총 2,219억원의 재무활동 현금 순유입이 발생하였다.

[저 자 약 력]

김경태

現 서울시립대학교 경영대학 교수
서울대학교 경영대학 경영학과 졸업(1996)
연세대학교 대학원, 경영학석사(1998)
LG경제연구원 근무
서울대학교 대학원, 경영학박사(2006, 회계학 전공)
강의우수교수상, 서울시립대학교
회계세무와 감사연구 논문 현상공모전 최우수상, 한국공인회계사회, 2013
한국회계학회 학위논문상 공모 최우수상, 2006
The Vernon Zimmerman Best Paper Award, the 16th Asian-Pacific Conference on International Accounting Issues, 2004

김유라

現 서울시립대학교 경영대학 교수
UCLA 응용수학과 이학사(1997)
KT연구원 근무
Purdue University, 경영학석사(2000)
Holthouse, Carlin, & Van Tright LLP, 회계법인 근무
삼성토탈 근무
University of Maryland, 경영학박사(2011, 회계학 전공)
국민대학교 경영대학 조교수(2012~2014)
미국공인회계사(AICPA), 공인관리회계사(CMA)

박종찬

現 서울시립대학교 경영대학 교수
서울대학교 사회과학대학 국제경제학과 졸업(1995)
코오롱상사, LG전자 근무
University of Southern California, 회계학석사(1999)
University of Wisconsin-Madison, 경영학박사(2004, 회계학 전공)
회계학 교육혁신상, 한국회계학회, 2019
강의우수교수상, 서울시립대학교
회계학연구 우수논문상, 한국회계학회, 2010
Douglas Clarke Memorial Teaching Award, University of Wisconsin-Madison, 2001

스마트시대의 **회계원리 해답** (제3판)

2018년 2월 20일 초판 발행
2020년 12월 26일 개정 2판 발행
2024년 2월 20일 제3판 발행

저 자: **김경태·김유라·박종찬**

발행인: 윤 동 구
발행처: **창 민 사**
서울시 마포구 창전로 46 4층 401호
등 록: 1999. 10. 28/제10-1846호
전 화: 3272-1243~4
팩 스: 3272-1245
e-mail: cmbooks@hanmail.net

정가 8,000원
ISBN 979-11-92272-20-7 93320